仕事と人生に活かす
「名著力」

テレビマン「挫折」から
「成長」への50冊

〈第1部〉
現状打開 編

NHKエデュケーショナル
番組プロデューサー
秋満 吉彦

Coremo コレモ
生産性の本

はじめに

「落ちこぼれ」「挫折」「かなわない希望」「回り道」……数えあげればきりがないほど、ぼくの人生は、世間的にはマイナス価値とされるできごとに満ち溢れていたと、しみじみ思います。テレビマンとして生きてきて今年で26年目。いわば四半世紀という長い期間、テレビ業界で働いてきたわけですが、決して平坦な道のりではありませんでした。

もう、本当に失敗の連続で、成功なんてほんのひとかけらといっても過言ではないかもしれません。こんなことをしょっぱなから書くと、読者であるあなたはこの本を読むのをやめてしまうかもしれませんね。何の参考にもならないじゃないかと……。

でも、ちょっと待ってください。

世間的にはマイナス価値と思えるような困難の数々が、実はぼくにとって、とてもかけがえのないものだったのです。こんなことを言うと「なんだか嘘くさい」とおっしゃる方も多いかもしれません。

でも、今、胸を張って言えます。そうした困難のただ中で、それを心の底から楽しんでいる自分がいたことを。そして、そうした困難があったからこそ、今の自分がここにいるんだということを。「落ちこぼれ」も「挫折」も「かなわない希望」も「回り道」も、実はマイナスなできごとではない。とらえ方次第で、それは自分にとって宝の山になるのです。

マイナス価値を宝にしてくれるための手がかりをくれるのは、「名著」です。「名著」といっても、なかなか近寄りがたい難解な哲学書や思想書とは限りません。もちろん古典にすばらしいものが多いのは間違いないのですが、現代の人が書いた本だって、自分自身が強烈な影響を受けたり、大きな力を得た本はすべて「名著」だと思います。

「落ちこぼれ」の自分が唯一誇れることは、人生を通して、こんな「名著」との出会いを大切にして、それらと真摯に向き合い、対話を続けてきたことでした。

「真摯《しんし》に対話」なんていうと、高尚なことのように思えるかもしれませんが、簡単にいうと、それは、自分の身に当ててみること。そこから自分自身の仕事や暮らしに問いかけてくるポイントを見つけ出すこと。

そんな視点で読んでみると、「名著」が、これまで感じられたことがないくらい、とてつもなく豊かなものだということが、少しずつわかってきます。そして、その言葉が自分の身の奥のほうへしみわたっていったとき、いつの間にか人生が変わっているのです。ぼくは、そんな「名著」が持つ奥深い力を「名著力」と名づけました。

今回、「本を書いてみませんか」とお声をかけていただいた際に、真っ先に胸のうちにわき出してきたのは、同じ境遇にいる人たちへ、このことがなんとか伝えられたら、という思いでした。自分が本を書く意味があるとしたら、何よりもそれしかないだろうと。

というのも、このことに気づかないことほど損なことはないと思うからです。古典の名著なら無料でダウンロードできます。現代の本でもランチ数回分の値段で買い求めることができるのですから。

「人生がうまくいかない」「仕事がうまくいかない」といって思い悩んでいるあなた、もしよかったらちょっとだけ立ち止まって、「名著」を読んでみませんか？　そして、単なる精神論ではなく、本当の意味で、「名著のエッセンス」を自分の人生に活かしてみませんか？　この本は、そのための誘いであり、ささやかな応用例です。

さあ、「名著」をナビゲーターにした人生の冒険の扉をいっしょに開いてみましょう。

平成29年3月吉日

秋満　吉彦

目次

【第2章】 寄り道スイッチを入れる ——可能性を見つける名著力

【第5章】みえないものを「形」にする——原点を思い出す名著力

本文・カバーデザイン　サン印刷通信

本書の使い方――こんなときに読んで欲しい

この本では、「名著の使い方」の手の内をほぼ8割方公開しています。

そんなに公開してしまっていいのか、と不思議に思われるかもしれませんが、いいのです。いや、むしろ公開したい。

なぜなら、ぼく自身が「名著」によって、ずいぶんと助けられてきたからです。これらの「名著」の中には、人に紹介してもらったものもあります。誰かにつないでもらったからこそ、「名著」に出会えたときもありました。

そこには損得勘定など、まったく介在しませんでした。ですから、ぼく自身も、「名著」を紹介する人になりたい、そう思ってこの本を執筆することにしたのです。

「名著」に出会って、つくづく感じるのは、思わず立ちすくんでしまったとき、あるいは、困って右も左も判断できなくなったときの助けに必ずなってくれること。

ただ本というものは、１００人いれば１００通りの読み方があるものです。必ずしもぼくが紹介した本が、万人に役立つなどとは考えてもいません。ですが、必ずなんらかのヒントにつながるのではないかとも感じています。そこで、私なりの書き方を心がけてみました。

この本は、よくある「名著」の解説本では、まったくありません。その類のお手軽な解説本を求めているとしたら、この本は役に立たないでしょう。しかし、そうした本では見つからない独自のものを込めることができたと思っています。

ぼくが一番心がけたのは、人生のさまざまな局面で、八方塞がりな難局や超えがたい壁にぶち当たったとき、実際にそれを乗り超える力を与えてくれた「名著」について、自分の体験に即して読み解いていくということです。

そういう意味では、この本はとても主観的な本かもしれません。「名著」のあらすじを知りたいとか、難解な「名著」をわかりやすく解きほぐしてくれると思って読み進めた人は、まったく違うところへ連れていかれることでしょう。

徹底して主観的に「名著体験」を書いていくこと。それって主観なのだから、ほかの人には関係ないのでは、と思われるかもしれません。

でも主観的だからこそ、単なる机上の空論ではなく、実際に体験したからこそ描ける生々しい息遣いや血の通った生きた智恵を伝えることができるのではないか。そしてそれは、同じような苦境にいる人や、それをどう乗り越えたらよいか、悩んでいる人へと、実感として伝播していけるのではないか、と考えたのです。

本書はもちろん、最初から順を追って読んでいただいても、一連の読み物として楽しめるように、書いているつもりです。でも、気になった章から拾い読みするのでもいい。エピソードは必ずしも時系列で並んでいるわけではありません。多少前後の脈絡はありますが、章ごとに単体で読んでいただいても十分にわかるつくりにしています。

むしろ、何かに悩んでいる人、何か困難にぶつかっている人、それを何とか乗り越えたいと思っている人は、その「何か」に、直接つながりそうな章から読んだほうが、想像もしなかった自分なりの「解」に出会えるようにも思います。

ほんの少しでも、何か解決のヒントをつかみとっていただければ、著者冥利につきます。……というわけで、以下、「こんなときに読んでほしい」という視点から、各章のガイドを書いています。ガイドをうまく使いながら、ぜひとも、悩んだときの「薬箱」「救急箱」のように使ってみてください。

〈第1部〉――上巻

第1章　「受け身」こそ、最強の主体性

特に**「不本意な状況に追い込まれたときのヒント」**を得ていただけたらと思います。

思ってもいなかったような部署への異動、まったく縁もゆかりもないような地への転勤……。人生もそれなりに長く生きていると、「いったいなんで自分がこんな目にあうんだ？」と気落ちする「不本意な状況」に陥ることがままあります。ぼく自身がサラリーマンなので、「異動」「転勤」という象徴的なできごとについて書きましたが、実は、老若男女、どんな立場の人でもこうした状況に陥ることはあります。

夫の転勤にともなって新たな場所へ引っ越したら、ぜんぜん近隣の人たちとそりが合わず孤立してしまったという主婦の人、老人ホームに入ったけれど隣室の人とどうしてもうまくいかず、いっしょに食堂でご飯を食べるのが苦痛で仕方がないといったお年寄り。「不本意な状況」って、どんな人にも訪れるもの。

かつては、そんなときに「不本意だ」と嘆くだけの自分だったのですが、「名著」に出会うことで、そんな事態を「不本意だ」と思わなくなりました。その具体例を示して

います。「不本意な状況」を自分を大きく前へ進めるものに変えるキーワードは「受け身」。でも「受け身」は状況に流されることではありません。そこには強靭な主体性が宿るのです。

第2章　寄り道スイッチを入れる

「回り道を余儀なくされて鬱屈しているときのヒント」について書いてみました。現実ってやっぱり厳しくて、自分が思い描いてきた「夢」や「希望」を100パーセント叶えている人ってなかなかいません。かくいうぼくもそうです。「いつかはそこに到達したい」という目標は、少しでも前に進もうというモチベーションをもたらす一方で、なかなか思うように目標に近づけなかったり、その目標から遠ざかってしまうような状況に陥ったときには、いいようのない焦りや苦悩にさいなまれます。

「名著」が教えてくれたのは「人生には一点もムダはない」という真実です。そのときには「回り道」にしか見えず「目標から遠ざかっている」と思えるような事態でも、実際には、とんでもなく豊かな経験を積んでいるということが、人生には数多くあります。

ポイントはそれに気づく目を持てるか、持てないかです。あらゆる経験を「宝の山」に変える力が「名著」にはある。ぜひ、あなたの「回り道」体験を「宝」に変えてください。

第3章　異質なものをつなげば力となる

どんな立場にある人でも、なんらかの「チーム」に所属している人がほとんどではないでしょうか？　会社組織に所属する人はもちろん「会社」や「部署」というチームの一員ですし、もっといえば「家族」だって、小さいけれど立派なチーム。ひとり暮らしの人だって、行きつけの八百屋さんや飲み屋さんを持っていたりして、近隣との間で小さなコミュニティがあります。

そして、ふたり以上が集まれば、そこにはおのずと「対人関係」にまつわる悩みが始まります。この章には、「名著」と自分の体験から得られた**「チームづくりに悩んだときのヒント」**が書かれています。また、自分とはまったく異なった他者と自分が結びつくことで、自分の可能性が大きく開かれるという体験も書いてみました。

異なる他者をおそれるのではなく、一緒に結びつくことでパワーをつくり出す。ひとりでは決して得られない充実感や感動が、そこには必ずあります。「最強のチームづくりのヒント」を読みとっていただけるとうれしいです。

第４章　逆境をプラスに転化せよ

人間誰もが、劣等感を持っています。そして、自分を悩ませ続ける弱点も。そんな劣等感や弱点が、ときに自分を苦境に陥れることもあります。そういうときって本当に「人生最大のピンチ」ですよね。

自分自身が、他より劣っていると思うことが苦境の原因になるのですから、そこから自力で這い上がることはなかなかむずかしいものです。そこで、この章では、**「劣等感に悩まされたり、困難に直面したときのヒント」**を書くことにしました。

主観的にはどうしようもない弱点にみえたり、乗り越えがたい逆境とみえたとしても、その中にプラスに転化できる芽が必ずある。そういう実感を「名著」を通して得ることができました。この章を読んで、逆境を乗り越えるためのささやかなヒントをつかんでもらえるとうれしいです。

第5章　みえないものを「形」にする

厳しい競争社会、経済至上主義の風潮の中では、目にみえる業績や数量で計れるような成果がどうしても重んじられがち。それはそれで一定の指標になりますし、社会で暮らしている以上は、きちんと認めなければならない事実です。しかし、怖いのは、「それが人生のすべて」という極端な考え方に、人は無意識に陥りがちなところ。かくいうぼくも、仕事にのめりこみすぎて、そんなふうになってしまったことがありました。

そこで、この章では、**「自分自身の原点を見失いそうになったときのヒント」**を書いてみました。目にみえる成果も大事だけど、実はそれは自分自身の原点あってのこと。自分を活かしてくれている土台を見失っては本末転倒です。「名著」はそんな「原点」や「土台」を思い出させてくれるのです。

〈第2部〉——下巻

第6章　ジャンルを超えて常識を揺さぶれ

人は一つところにとどまり続けると、よどんでしまいます。新しい発想が生まれなくなったり、新たなチャレンジをしようという意欲をなくしてしまったり……。危険なのは、そういう状況に陥っていることにすら気づかないこと。そういう惰性に陥ることなく、自分自身に常に刺激を与え続けるにはどうしたらよいか。この章では**「発想に行き詰ったときのヒント」**を書いてみました。

キーワードは「越境力」。たこつぼ的に自分の専門領域に閉じ込もることなく、ジャンルを飛び越えることがいかに重要か。それは大げさなことではなく、誰もができる些細なことでもよいのです。この章を読んで、あなたも何らかの「越境」を始めてください。

第7章　眠っている力を呼び覚ます

年齢とともに、記憶力や集中力、発想力などいろいろな能力が落ちてきて嘆いてしまうことってありませんか。あるいは、若くても、自分には人と比べて誇れるような能力がないと落ち込んでしまっている人もいらっしゃるかもしれません。ぼくも同じような悩みを抱えてきました。そこで、この章では**「自分の潜在能力に気づくためのヒント」**を書いてみました。

「名著」を読んでいると、期せずして、自分がこれまで気づいていなかった潜在能力や可能性に気づかされるフレーズに出会うことがあります。そして、いったん気づかされて、自分の中で言語化できると、その能力や可能性を自覚的に伸ばしたり、磨いたりしていくことができます。ここでは「直観力」「無分別智」という能力について書いてみましたが、これはほんの一例です。自分の中に眠っている潜在能力は他にもいろいろとあると思います。「名著」を読むことで、自分の中にある能力や可能性をぜひ伸ばしていってください。

第8章「名著」とつきあう10の鉄則

第8章は、**「名著の読み方に迷ったときのヒント」**です。「名著」は図書館や本屋さんに行けば、誰もが気軽に手にとることができる身近な存在ですよね。でも、どんな本を選んだらよいかわからなかったりとか、いざ読もうと手にとってみても、読み始めるのがどうしても敷居が高いとか、いろいろ悩んだりしませんか？

この章では、「読もうかどうしようか」ちょっと躊躇している人のために、とっておきの名著とのつきあい方を伝授しようと思って書いてみました。「名著とつきあう10の鉄則」としましたが、どの方法からでもかまわないので、自分と一番ぴったりと思えそうな方法から試してみてください。きっと「名著」の見え方がちょっとだけ変わり、「名著」が自分の人生のほうへ近づいてきます。

第9章 対談 対話が導く「名著力」

岸見一郎（『嫌われる勇気』著者）×秋満吉彦（『100分de名著』番組プロデューサー）

第1章から第8章まで自分の体験に即して「名著力」について書き終えたあとで、一つだけ大切なことを書き忘れていたことに気づきました。それは、ぼく自身が名著の魅力に気づく際に、「対話」というものが大きく関わっていたという事実です。

もちろん自分ひとりで読むことで魅力に気づいたというケースもあるのですが、多くの場合、他者と語り合うことの中から、今まで気づかなかった名著の奥深さや新たな魅力を発見していることをあらためて思い出しました。

そこで「名著について語り合うことのすばらしさ」をお伝えする章を最後に設けました。これについては、ぼく自身が何かを書くよりも、実際に名著についての造詣が深い人と対話をして、その息遣いを感じてもらうことのほうがよりよく主旨が伝わるのではないかと考え、編集者にお願いして対談の場を設けていただくことにしました。

対談の相手は、本書でも紹介した『嫌われる勇気』の著者、岸見一郎さんです。世間では、アドラー心理学の専門家として知られていますが、実はギリシア哲学などを深く探求する哲学者。アドラー以外の名著を語る岸見さんから、今まであまり知られていない意外な一面をかいまみることができるかもしれません。お楽しみに！

第1章

「受け身」こそ、最強の主体性

——しなやかに生きる名著力

「受け身」というと、普通に考えたら「自分がなく周りに流されている」といったイメージの言葉。そんな「受け身」こそが、主体性？　しかも最強の？　というわけですから、あなたはかなり、混乱しているかもしれません。

ご多聞にもれず、わき目も振らずにガツガツと仕事に邁進《まいしん》していた30代までのぼくも、内心では「受け身」で生きるのは消極的だと、軽蔑していました。そのころは、ディレクターとして、現場でバリバリ番組をつくっていたときなので、先輩から言われることをなんでも「はいはい」と受け入れてしまう「受け身」な人間をみていると、無性に腹が立ったのです。

ところが……です。そんなぼくの石頭をハンマーでなぐりつけ、粉砕してしまうような言葉に出会いました。それは、ある大物歌舞伎役者さんが、古典的な名作演劇に挑戦される際に、「何に一番こだわったか」をお聞きしたときの言葉です。

「そうですね。一番、力を入れていることと言えば、先輩たちが積み上げてきたパターンを何百回、何千回と反復練習して、その型に徹底的に自分の体を押し込んでいくことでしょうか」

当然、彼なりの画期的な挑戦とか、今までにない新しい表現方法とか、新鮮なアイデアが飛び出してくるだろう、と期待していたので、拍子抜けしました。すでにできあがっている古い型に自分の体を押し込む？　なんの創造性もないじゃないか？

ところが……。

「そうやって先輩たちによって磨き上げられた型に、何百回、何千回と自分の体を押し込んでいくと、結果的にどうなると思います？　続けていくとね、お稽古の最後の方には、もう、どうしようもなく、はみ出してくるんですよ、『自分自身』が。そうやって、自然に、にじみ出てくるものなんじゃないですかね、本当のオリジナリティは。ゼロから創り上げてできるものじゃないと思うんです。それが古典のすばらしさです」

ぼくの中で、何かが、ガラガラと崩れ落ちていきました。実際その後、彼の舞台を観たときに、心の奥底を揺さぶられました。これまで数限りなく繰り返されてきたはずのパターンの中に、におい立つような新しさが、確かににじみ出ていたのです。それは素人の自分にも、じわじわと伝わってきました。

古典的なパターンに、徹底的に自分の体を押し込むという究極の「受け身」の繰り返し。一見マイナスに見えるその行為が、とんでもないオリジナリティを生み出す——「受け身」という言葉の凄さに気づかされた、人生の中でも稀有な体験でした。

「『受け身』こそ、最強の主体性」——この体験からつかんだ極意を自分の人生や仕事にどう活かしていったらいいのか。それを教えてくれたのが、その後に出会った「名著」たちなのです。

1 条件を受け入れる

隈研吾
『建築家、走る』
新潮社　新潮文庫（２０１５）

どうしようもなく見てみたい風景があって、矢も盾もたまらず旅に出てしまうことがあります。もう理屈や状況は関係ない。気づいたら家を出ていた……そんな経験です。そうちょくちょくあったら困りますが、ぼくはそんなときには、素直にそのうながしにしたがうことにしています。

「森舞台」という建物を、ある雑誌のグラビアで見ました。とにかく本物をみてみたいと思って、ぽっかり1日だけあいた仕事の隙間になんの計画もなく、宮城県登米《とめ》市という小さな町を訪れたのです。

「森舞台」は、今、世界で最も注目を集める建築家・隈研吾さんがまだそこまで有名になる前に手がけた建築物です。建築物と言っても、鬱蒼《うっそう》とした森のただ中にある小さな能舞台。今や世界の大プロジェクトの数々を手がける隈研吾さんが手がけたにしては、ちっぽけな……と思われるかもしれません。

でも一目みて欲しいんです、本物を。斬新な隈さんの建築をみなれている人からは、「意外と普通じゃない?」と、あしらわれてしまうかもしれませんが、なんだかグイッと心をつかまれるところがあるんです。

まず、周囲の森と見事に調和していて、自然もこみで一つの建築と言うのでしょうか? その調和を生み出しているのが、能舞台の周辺にザッと敷き詰められた黒い砂利。そこだけ切り取ってみると、ちょっと異様にもみえるのですが、この黒い砂利が実にかっこよくて、しかもこれが周囲の森との接着剤の機能を果たしている。それはまるで森から流れ出した水が能舞台の周辺を覆ってしまい、さながら舞台が水上に浮かんでいるような風情です。

「森舞台」の設計ドラマ——負ける建築

実は、この「森舞台」の設計の裏には、ものすごいドラマがあるのです。その一端が明かされているのが『建築家、走る』という隈さんの著書。初出は確か何かの雑誌の記事だったかな。あまりにもこの建築に感動して、それから隈さんが書かれた文章を読み漁《あさ》る中で見つけた文章でした。雑誌の一読み物ではあったのですが、ぼくにとっては、かけがえのない「名著」となったのです。

ちょうど、なかなか希望の部署に行けなくて、しかも現場から中途半端に引き離された中間管理職をさせられ、多少、腐っていた頃のことです。

本音を言うと、ぼくは建築だとか、アートだとかが大好きで、美術番組をつくれるような部署に行きたかったのですが、その希望は叶わず、もう歳も40歳を過ぎていました。このまま、何もできずに人生終わってしまうのか、と世をはかなんでいました。思い起こせば、相当、弱気になっていたのです。

実は、「森舞台」など、地方を中心に小さな仕事を続けていた90年代の隈さんは、ほとんどぼくと同じような状況にいたということをこの本で知りました。

隈さんは90年代初頭、ある失敗で、東京での仕事を干されていました。それまでエリート街道まっしぐらだった隈さんにとっては、もしかしたら挫折だったかもしれませんが、彼がぼくと違うところは、まったく腐ることがなかったところです。

隈さんは、東京で仕事がないのなら、地方で――と、小規模で予算の少ないプロジェクトでも積極的に引き受け、限られた条件の中で知恵をしぼり続けました。

そんな苦闘の様子が、この『建築家、走る』には、みずみずしく描かれていますが、「森舞台」はその代表選手。隈さんは、その設計の舞台裏を次のように書いています。

今、振り返っても涙ぐましい(笑)。たとえば細かい話ですが、この能舞台からは『腰』もはずしました。腰とは、舞台の下に付いている小さな壁のことです。腰のない能舞台とは、本来あり得ないものなのですが、いろいろと文献を漁《あさ》っていく中で、腰のない能舞台を発見しました。水上の能舞台です。登米の能舞台も水上能舞台とみなせばいいと、舞台の下に黒い砂利を敷いて、それを水面に見立てました。

腰を取ったら、百万円近いお金が浮きました。(中略)

お金の苦労には毎回打ちのめされます。ところがいざ、仕事にとりかかり、「こんな安い値段でここまでできた！」という快感のトリコになってしまうのです。何だか相手の思うツボですが（笑）、制限の中で作ろうとするから、知恵が生まれ、建築が鍛えられて美しくなると、ぼくは確信しています。

（『建築家、走る』より）

あのかっこいい黒い砂利には、こんな秘話があったのですね。しかも、ぼくも感じ取った水上に浮かぶ能舞台のイメージは、まさに隈さんが狙っていたイメージだったのだとわかって驚きました。しかし、限られた条件と予算の中で、よくあれだけすばらしい建築が設計できたものです。まさに与えられた条件をしなやかに受け止めた、隈さんの究極の「受け身」といえるのではないでしょうか？

そんな隈さんが、最終的にいきついたのが、「負ける建築」というコンセプトでした。「負ける」なんて、もう究極的に負のイメージですよね。でも、このコンセプトがその後、世界中の人たちの心をつかむことになるのです。その具体例は、「負ける建築」という彼の著作の中に展開されています。

隈研吾
『負ける建築』
岩波書店（2004）

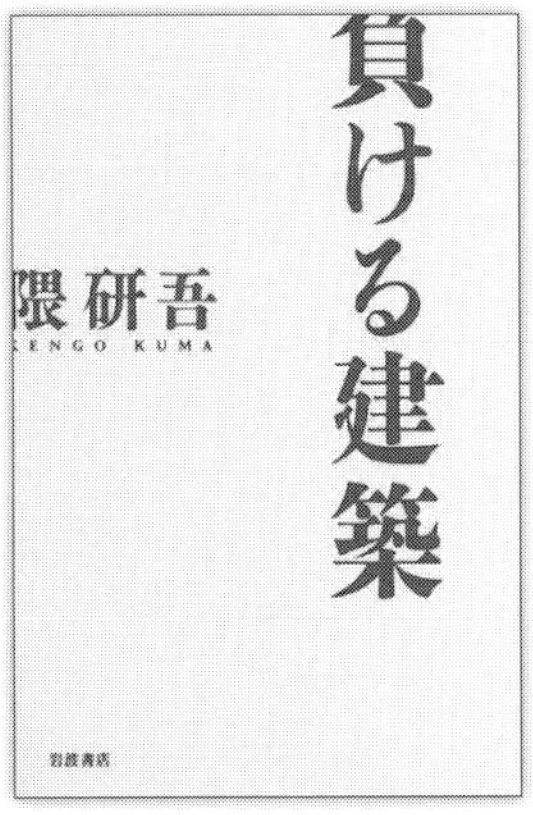

「条件をいったんすべて受け入れるところから、新しいものが生まれる」

「負ける建築」というコンセプトをぼくなりにひと言で言うとこうなります。

90年代、地方で小さな仕事を低予算で引き受ける中で、和紙、木工、土壁など、伝統の技を守り続ける職人たちの驚くべき技術を発見していった隈さんは、むしろ限られた予算を逆手にとる形で、こうした伝統的な技術を積極的に取り入れていきます。

それらの素材を組み合わせた設計は、隈さんのクリエイティビリティもあいまって、今までにない新しさを帯びていきました。その結果、近代建築、とりわけコンクリート建築に代表される、周囲を威圧するような「勝つ建築」ではなく、変化してやまない自然やあらゆる条件をしなやかに受け入れる「負ける建築」というコンセプトが生まれました。その新しさが世界で評価されたのです。

この隈さんの物語を知って、希望の部署にいけずに腐り続けていた自分自身を蹴飛ばしたくなりました。「今ある条件をすべて一旦受け入れて、そこで智恵をしぼりぬこう。そこにこそ、新しいものが生み出されるのだ。腐っている暇などない」。その頃のぼくのキャッチフレーズは、隈さんにならって「負けるディレクター」。どんな条件でもしなやかに受けとめる「負けるディレクター」というコンセプトがあってもいいのではないかと思ったのです。この隈さんの本から「『受け身』こそ、最強の主体性」という大きなメッセージをいただきました。そしてこの後、ぼくの働き方は大きく変わりはじめるのです。

2　異なる声に耳を澄ます

小泉八雲〈ラフカディオ・ハーン〉（池田雅之 訳）
『日本の面影』
ＫＡＤＯＫＡＷＡ　角川ソフィア文庫（２０１５）

隈研吾さんの著書『建築家、走る』を読んで、ぼくの仕事のやり方は変わりました——と、何か大きなものをつかんだようなことを書きましたが、実のところすぐに仕事の中身が大きく変わったかどうかは、正直わかりません。ですが、意識は、劇的に変わりました。

まず何よりも腐らなくなったことでしょうか？　最初はあれほどいやだった中間管理職の仕事に本気で取り組みました。

「条件をいったんすべて受け入れてみるところから、新しいものが生まれる」――まさに隈さんの「負ける建築」のコンセプトどおり、今ある状況をすべて腐らずに認めることにしたのです。そして、そこからあらゆる智恵をしぼっていく、というやり方を自分なりに、実行し始めました。すると、おもしろいものです。自分の役割がはっきりと、みえてきたのです。

当時のぼくの仕事は、庶務的な雑務をこなしながら、番組の総責任者であるプロデューサーと、現場ディレクターとの間のパイプ役になること。チーム全体のまとめ役も果たさなければなりません。テレビ局の言葉で言うと、「デスク」と呼ばれる仕事です。

この仕事は現場に直接かかわれず、かと言ってプロデューサーほどの大きな権限もない。「なんだ。単なる使い走りじゃないか」、と最初は思っていました。

しかし、前向きにとらえていくと、だんだんと、大きく現場を左右し、番組の品質を大きく変え得る職務なのだということに、気づき始めたのです。

たまたまぼくがいた部署は、いろいろな経験を積んだ、本当に個性的なメンバーばかりが集まっていました。しかし、さまざまな専門セクションからの寄せ集めだったことで、いざ会議と言ってもなかなか話がまとまらないという現実がありました。

ドラマ番組、情報番組、教養番組、科学番組、教育番組といった多様な出身母体を持つディレクターたち、おまけにチームの半数がそれまで民放の番組なども担当していた外部プロダクションのディレクターたちでした。そのうえ専門分野や所属会社によって使う言葉も違うので、まったく異質な論理がぶつかり合い、放っておくと収拾がつかなくなります。そんな中でのパイプ役。まったく異なる論理がせめぎあう坩堝《るつぼ》の中で、いったいぼくは何ができるのか？　そこに真剣に向き合うことにしました。

まずは、それぞれの異なる意見に丹念に耳を傾けてみることにしました。隈さんの本との出会いで「『受け身』こそ、最強の主体性」――と考えるようになっていたからです。

口でいうのは簡単ですが、実はこれ、すごく大変なことです。そもそも自分が育ってきた分野とまったく異なる論理から発せられる意見が、ガンガン目の前でかわされるわけですから、ぼく自身にも理解不可能な場合すらあります。

「コイツ、いったい何をわけのわかんないこと言ってるんだ？」

と思うこともしばしばで、ストレスがピークに達していた、そんなときでした。タイミングよく、ぼくを助けてくれる小泉八雲（ラフカディオ・ハーン）の本、『日本の面影』に巡り合ったのでした。

日本の本質、深層に迫る

手にとったきっかけは、ちょうどその当時、とても読みやすい新訳が出たばかりだったことと、ぼく自身がかつて熊本大学で勉強していたこともあって、そこで（当時は旧制五高と呼ばれていた）教えていた小泉八雲にとても親近感を持っていたことでした。

そんな動機ですから、そこから何か学ぼうなんていう高尚なことは、ぜんぜん思ってもいません。どちらかというと、懐かしさのあまり手にとった、というのが本音です。

でも、このとき痛感したのです。読む年齢によって、「本ってまったく異なった相貌《そうぼう》をみせるものなんだなぁ」ということを。

『日本の面影』は、ある種、日本の自然や文化を礼賛《らいさん》した、日本人が読むとおもはゆいばかりの日本万歳の本……というイメージで若い頃は読んでいました。しかし、40代になって読んでみると、まるで違う。八雲はもちろん日本を愛しているのですが、彼自身の日本へのアプローチの仕方のディティールといったものが、読み直すことで鮮明にみえてきました。

八雲は日本の本質、深層といったものに少しでも近づこうと、それこそ、あらゆる対象に対して、全身全霊で没入しようとしていたことがわかってきたのです。

これは単なる日本礼賛本ではない。自分とはまったく異なる文化や異なる論理に向き合い、五感すべてを駆使し、身体全体で対象と共振しながら理解しようとしている。そんな本であることに、この歳にして気づかされたのでした。

松江の一日は、寝ている私の耳の下から、ゆっくりと大きく脈打つ脈拍のように、ズシンズシンと響いてくる大きな振動で始まる。その間の規則正しさといい、包みこんだような音の深さといい、音が聞こえるというよりも、枕を通して振動が感じられるといった方がふさわしい。その響きの伝わり方は、まるで心臓の鼓動を聴いているかのようである。それは米をつく、重い杵の音であった。（中略）

一定のリズムで杵が臼を打ちつけるその鈍い音は、日本の暮らしの中で、最も哀感を誘う音ではないだろうか。この音こそ、まさにこの国の鼓動そのものである。

（『日本の面影』より）

朝、目覚めたときにふと聞こえてくる音に、じっと耳を澄ます。それが太古の昔から日本の食文化の根幹にある、米をつく音であることに思いをはせ、それを「この国の鼓動そのもの」と表現する直観力が、八雲にはあります。

八雲は「耳を澄ます」という行為によって、日本の本質の一端にたどりつくのです。その感性の鋭さの前では、ぼくは何も言葉が出てきません。おそらく八雲文学を象徴しているのは、このような「聴覚」なのです。

「聴覚」は「視覚」と比較してみるとわかるのですが、きわめて「受け身」な行為。音って、本当に「受け身」になって耳を澄まさないと聞こえてこないですよね。いや、聞こえてはいるのでしょうけれど、それが何の音なのかとか、どこにその音源があるのか、というのは聞き逃してしまう。

そう、八雲は小さくてささやかな音を聞き分け、その音の意味を読み取る、いわば「耳を澄ます」達人だったのです。しかも、その音から見事にその国の文化の深層にたどりつくことができるのです。

その一方で、明治から昭和前期の西洋人が書いた日本論は、八雲と違って、「みる」ことをベースに組み立てられたものが多かったようです。しかし、「見る」という行為は、「聴覚」とは逆に、相手を対象化して分析してやろう、というきわめて支配的な側面を持ってしまいがちです。「視線で射る」という言葉に象徴されるように、「見る」という行為には、場合によっては暴力性を帯びてしまうこともあります。

たとえば、日本論の名著中の名著と言われるルース・ベネディクト『菊と刀』。この本はもちろん普遍的なメッセージを持つ優れた名著ではありますが、いたるところに、文化先進国の立場から未開文化を上から見おろすような「まなざし」がみえ隠れします。

もともとが、戦後の日本占領政策と日本統治に活かすべく、アメリカ政府がベネディクトに委託した研究という性格もあるので、仕方がない部分もあったのでしょうが……。世にある多くの日本研究が、残念ながらこうした「支配的な視線」によって構成されている場合が多いことに気づかされます。

これに対して、八雲は、「耳を澄ます」という徹底した「受け身」の行為によって、自分とは、まったく異なる論理を必死で聞き取ろうとしました。そこには、どんなに異なる論理だとしても、対等な存在として向き合おうという、八雲のきわめてオープンな姿勢があります。だからこそ、今でもぼくらの胸を打つくらい、日本の本質をついた文章が書けたのでしょう。

まさに「『受け身』こそ、最強の主体性」を地でいく実例だと感じました。こうして最初は特に、何かをここから学び取ろうと手にとった本ではなかったにもかかわらず、この『日本の面影』に大いに励まされることになりました。

八雲だって、言語も文化的背景もまったく異なる日本の本質をここまで理解できたんだ。自分の周囲にいる人たちは、ちょっと分野が異なるだけで同じ日本人じゃないか。異なる論理と言っても、そこに耳を澄ませば理解できないわけがないと思えてきて、異なる論理同士の翻訳を徹底的にやりきろう、と心に決めることができたのです。

それは単なる中間管理職を超えて、本当の意味での「パイプ役」になることを意味します。それは、一見、まったく異なる論理に「耳を澄まして」を理解し、それを丁寧にひとつの布に織り上げていく手助けをする大事な仕事でした。

その際に、八雲がとったアプローチ方法は、おおいに役立ちました。五感をフルに駆使して異なる論理の理解に全力を尽くすこと。自分とは異なる相手の立場にまずはなりきってみて、その真意を汲み取ろうとすること。こうした受け身こそ、課題の解決に結びつくのだということを教えてくれたのです。

たとえば、こんなことがありました。

当時の上司であるプロデューサーはドラマ畑出身で、非常にイメージ力、直観力に優れた人でした。部下に映像編集の修正を指示するときにも、自分の頭の中にあるイメージを

「ここは、ぴしゃーんと水滴が落ちてくるようなアクセントを！」

「ずばばばばーんと、たたみかけるように編集して」

などと擬音を使って表現しようとします。俳優さんが相手であれば、とても効果的に伝わったでしょう。

ところが、部下であるディレクターは情報番組畑出身で、厳密な論理展開や輪郭がくっきりした明解な言語を使う環境で鍛えられています。ですからプロデューサーの言葉が、ちんぷんかんぷんです。

どちらかが優れているわけではないのです。互いに「使う言語」が異なっていただけのことでした。

ですから、こういうときのぼくは、その間に入り、ただただ「受け身」で、徹底的にそれぞれの立場に立ち、互いに理解できるような「言語」へ翻訳するようにつとめました。

最初は、ぎくしゃくしていたプロデューサーとその部下のディレクターも、ぼくの翻訳で互いの意図を理解し始めると、むしろ信頼感が増していきました。それによって、番組の試写もスムーズに進むようになったのです。

こうした細かい積み重ねを続けていく中で、職場全体の風通しが見違えるほどよくなっていきました。そして少し時間がたって感じるのは、この方法はきっと一般のサラリーマンにも、さまざまな場面で、うまく応用できるのじゃないのかな、ということです。

まあ、ここではまるで悟ったようなことを言っていますが、実は個人的にはストレスがたまることもありました。そんなときは、小泉八雲の『日本の面影』を何度も読み返しながら、心を落ち着かせたものです。

それからしばらくしてのことです。驚くべきことが起こりました。こんなに際立った個性の人たちがせめぎ合っていた部署で、普段のスタジオを飛び出して、大きなホールでの公開生放送という一大イベントを成し遂げることができたのです。

この部署のデスクになって、1年後のことでした。もちろん、ぼくの力ではありません。それぞれ際立った個性を持った人たちのパワーが、ぶつかり合うことなく、一つのベクトルに結び合わされたからだと思っています。

あれだけ嫌だった中間管理職の業務。でも、小泉八雲『日本の面影』が教えてくれたしなやかな「受け身」の思想のおかげで、異なる個性が一つに結集するための、ささやかな産婆役を果たせたと思っています。今、思えば本当にやりがいのある仕事でした。こうして人生に大事なことを教えてくれる読書は、これだからやめられないですね。

3　「私」をいったん脇におく

内村鑑三（鈴木範久 訳）
『代表的日本人』
岩波書店　岩波文庫（１９９５）

「秋満さんに、ドラマ制作を担当してもらえないかと思っているんですよ」

千葉で働いていた頃、直属の上司が隣の席から囁《ささや》くようにそう語りかけてきたのを今でもよく覚えています。所属しているテレビ局の、いわば地方支社とも言える千葉の放送局では、開局七十周年記念の企画として、千葉を舞台としたドラマ制作の企画が立ち上がろうとしていました。

そのドラマのプロデューサーの仕事をいきなりぼくに？　初めて聞いたときには、ちょっと耳を疑ってしまいました。

上司と言っても年下の上司だったYさん（現場で番組制作を続けたいと、ディレクター業務を志望していたのですが、四十代も後半になると、上司が年下……というのが多くなるのです）。とてもチャーミングな笑顔が魅力の愛すべきキャラクターで、席が隣ということもあって、息抜きの時間にはよく冗談を言い合う気心の知れた間柄でした。そんなYさんが、いつになく真剣な表情で語りかけてきたのです。

「ド、ドラマっていったって、ぜんぜん経験がないのですが……」

動揺して、確か、そんなようなことを口走りました。

「経験がないっていうことで言うと、みんな同じなんですよ、この職場では。……で、いろんな意味で、秋満さんが一番適任じゃないかって思っているのですが、いかがですか？」

Yさんは、さらにつっこんできます。正直、即答はできませんでした。

たぶんこの文章を読んでいるあなたは、「ドラマ？　おもしろそうだから、やればいいじゃない」と思うかもしれません。でも、実際にテレビ局で働いている人間からすると、「ドラマ」という分野は、もっとも専門性の高い分野。……うまいたとえが見つかりませんが、こんなふうに言うと伝わるでしょうか？

情報番組やドキュメンタリーを担当している人間が、ドラマの仕事をやるというのは、これまで神社仏閣をつくり続けてきた宮大工さんが、ある日、突然、鉄筋コンクリートの高層ビルをつくってみろ、と言われるようなものなのです。感覚としてはそれくらいの違いがあると思ってください。

制作チームの人数だけでも、おそらく20倍以上の開きがあります。情報番組でしたら撮影に関わるチームは、通常３人です。でもドラマだと、規模にもよるのでしょうが、出演する俳優さんやその関係者なども含めると、少なく見積もっても60人は下りません。何よりも事実を取材して、起こっているできごとを記録してつくる情報番組と、ゼロから映像を創造しなければならないドラマでは、根本的につくり方が異なります。ドラマ制作には、情報番組とはまったく異なったノウハウの蓄積が必要なのです。

かように、普段の業務とはかけはなれている未知なる分野ですから、そうやすやすとは引き受けられません。どう考えても無理に決まっている、とそのときは思いました。

「ほかにやりたい人とかいるかもしれませんしね。もう1回、考えてもらえませんか」

確かそんなことを言って、その場をごまかしたように思います。

そうは言ったものの悩んだのは、Yさんがぼくのことを信頼して、提案してくれていることが重々わかっていたからでした。でも、なんとかこの仕事から逃げられたら、という気持ちは猛烈に働き続けていました。その理由の一つに、自分が大好きな美術番組をこの年に1本つくりたい、と考えていたことも正直なところありました。

よくないことですが、こんなときって、とりあえず現実逃避してしまうんですよね。そんなときの逃避先が読書です。うじうじ考えるのはいったんやめて、通勤時間に好きな読書に浸りきる毎日。司馬遼太郎の名作『翔ぶが如く』を読み終えて、西郷隆盛という人物にいたく興味をひかれて、西郷について深く論じられていると評判の、内村鑑三『代表的日本人』という本を手にしていました。その本の中の一節が、心を貫きました。こんなことが書かれていました。

「天」には真心をこめて接しなければならず、さもなければ、その道について知ることはできません。西郷は人間の知恵を嫌い、すべての知恵は、人の心と志の誠によって得られるとみました。心が清く志が高ければ、たとえ議場でも戦場でも、必要に応じて道は手近に得られます。常に策動をはかるものは、危機が迫るとき無策です。

「誠の世界は密室である。そのなかで強い人は、どこにあっても強い」

不誠実とその肥大児である利己心は、人生の失敗の大きな理由であります。西郷は語ります。

「人の成功は自分に克つにあり、失敗は自分を愛するにある。八分どおり成功していながら、残りの二分のところで失敗する人が多いのはなぜか。それは成功がみえるとともに自己愛が生じ、つつしみが消え、楽を望み、仕事を厭うから、失敗するのである」

（『代表的日本人』より）

まさに、自分自身が置かれている状況を言い当てられているような衝撃を受けました。

「不誠実とその肥大児である利己心」

とらわれていたものは、それだったのです。ああ、ぼくは自分がやりたいことばかりやろうと、頭が「私」でいっぱいだったのではないか。誰かのためにとか、より多くの人のためにと思って、仕事をしたことがあっただろうか？　もしかしたら、「私」に固執しすぎて、ちっぽけなことしかやってこなかったのではないだろうか。

西郷の言葉、いや、西郷の生き方を解釈して語った内村鑑三の言葉は、

「『私の望み』をいったん脇においてみなさい。そして、より大きな目的や公のために仕事をし

てみなさい。そのときにこそ、大きな可能性が開かれますよ」

と、語りかけているように思えました。そう考えると、今回のことが大きなチャンスのように見えてきたのです。このドラマのプロジェクトが成功すれば、地域の活性化にも大きく貢献できますし、自分が所属している職場全体にとっても意義の深い事業になります。

まったく経験値のない未知の分野ですが、誰かのため、より大きな目的のため、より多くの人の役にたつために、自分のできることをやってみよう。内村鑑三『代表的日本人』の言葉は、そんなふうに、背中を強く押してくれたのです。

よく「清水の舞台から飛び降りる」というたとえが使われますが、本当にそれくらいの勇気を振り絞って、Yさんにこう伝えました。

「ドラマの件、やらせていただきます」

そして、こう付け加えました。

「本当に初めての経験ですから、いろいろ壁にぶつかると思います。そのときは、ぜひ力を貸してください」

これは、心底、本音の言葉でした。

ドラマ制作の期間は、地域のため、職場のために頑張ろうという思いで、力を振り絞りました。

「『私』をいったん脇におく」というと、なんだか主体性を失って単なる「受け身」になってしまうことのように思われるかもしれませんが、そんなことはまったくありませんでした。

その結果は？　と言うと、ミラクルとしか言いようがないような体験をいくつもしました。この本でおいおい書いていきますが、ここではさわりを書きます。

いったん「自分自身の望み」を忘れて、周囲や世の中に求められていることに応えようとして仕事をすると、思ってもみない力が湧き出してきます。

全体の進行管理や出演者の所属事務所との交渉、チーム全体のとりまとめや各種連絡、協力してくださる地域の方々との話し合いなどなど、そんな膨大な業務をこなしながら、移動中に1日必ず1本、ドラマPRのためのブログ原稿を書いていました。もちろん穴はいっぱいあったと思いますし、そういう部分をみんながカバーしてくれたからできたことですが、これと同じことを繰り返せと言われても、到底、無理だと思います。このときは、不思議とそれほどの力が湧いていました。

忘れられないのは、普段あまり仕事を一緒にすることがない、他の部署の人たちが、びっくりするようなアイデアを次々に繰り出してくれて、このドラマ・プロジェクトを強力にサポートしてくれたこと。地元企業に協力をあおいで、ドラマの出演者の写真をラッピングしたモノレールを走らせたり、新人俳優さんと一緒に老人ホームを慰問する……など普段、接することが少ない地域の人たちと直に触れ合う秀逸なイベントもありました。数え上げたらきりがありません。これらは、誰かが指示して生まれたものではなく、自発的にそれぞれの部署から出てきたものです。「私心」「利己心」を捨てて、多くの人たちの利益や、より大きな目的に身を寄り添わせたとき、自分の中に思ってもみなかった力が湧いてくること。そこに必ずと言っていいほど、どこかしらから助けの手が差し伸べられること。これはある種「法則」のようなものではないか。このときの体験は、そんなことを痛切に感じさせるものでした。そして、そのことも実は『代表的日本人』には書かれています。

書かれているのは二宮尊徳の章。二宮尊徳は、どんな荒んだ民の心にも誠意を持って向き合い、道徳的な力を引き出そうとしました。その結果、数多くの貧しい村々を豊かにし、途方もない公共事業を次々と成し遂げていきました。その秘密は、

「自然はその法に従うものに豊かに報いる」

という尊徳の信念にあったと、内村鑑三は言います。そのために必要なのが、「自分の望み」をいったん後回しにして、「自分がやりたいこと」ではなく、「自分がやるべきこと」をきちんと見つめて、誠意をもって、より大きな目的や「公」のために自分を使ってみることだというので

す。それを「自然」という言葉を使って、次のように語ります。

> 「自然」と歩みを共にする人は急ぎません。一時しのぎのために、計画をたて仕事をするようなこともありません。いわば「自然」の流れのなかに自分を置き、その流れを助けたり強めたりするのです。それにより、みずからも助けられ、前方に進められるのです。大宇宙を後盾にしているため、仕事の大きさに驚くこともありません。
> 「万物には自然の道がある」
> 尊徳は常々、こう語りました。
> 「自然の道を探しだし、それに従わなくてはならない。それによって山は均《なら》され、海は排水されて、大地は我々の目的に役立つようになる」
>
> （『代表的日本人』より）

「自然」とは、ちっぽけな自分を超えた大きな働きのことだと思います。西郷隆盛の章に書かれた「天」と、ほぼ同じもの。「自分の欲望」や「やりたいこと」で、頭や胸がいっぱいになっているときには、それはまったくみえてきませんが、自分を空っぽにして、より大きなもの、世の中が自分に求めるもののために、誠意をもって生きてみるとき、現れてくる。それは、自分の力ではありません。みんなの力であり、自然の力です。

「私」をいったん脇においてみる……これは、そうしょっちゅうできることではない。でも、こここそという難局を迎えたとき、勇気をもって試みる価値のあることだと思います。

厳しい競争社会、経済至上主義の風潮の中で、私たちは、ともすると「私利私欲」に目を曇らせてしまいます。内村鑑三の『代表的日本人』は、私たちが見失いがちな、より大きなもののために生きることの大事さを、あらためて教えてくれる稀有な本なのです。

第2章

寄り道スイッチを入れる

――可能性を見つける名著力

「希望通りの部署へなかなかいけない」「上司が自分の実力を認めてくれない」「この会社は自分には合っていないんじゃないだろうか」……サラリーマンをやっていれば、多くの人がぶつかる悩みです。

そんなときには、「今の自分は本当の自分じゃない」などと思いつめてしまい、仕事がとてもつまらないものに思えてきたり、思い描く目標とはどんどん離れていく、そんなとんでもない「回り道」をさせられているように思えることがある。

かくいうぼくも、せきたてられるように「自分がやりたいこと」「自分がなりたいもの」を目指してあがき続けていました。「もっと自分には可能性があるはずだ……」と、心の中で何度も自問自答して、がむしゃらに目標を目指そうとしていました。でも目標にこだわればこだわるほど、今、取り組んでいることの意味を見失い、何をやっても空回り。

なんだか、いつまでたっても目標にたどり着かない「寄り道」「回り道」を強いられているようで、いいようのない焦りに身を焦がすことを繰り返してきました。

厳しい競争社会、経済至上主義の風潮の中では、「最短距離で効率的にゴールにたどり着く」ことが一番に求められます。そんな価値観にあっては、「寄り道」「回り道」は、マイナス価値の最たるもの。そんなことをしていたら自分の欲しいものは絶対手に入らないと、思い込んでしまっていたのも、無理からぬことかもしれません。でも人間、生きていくうえでは、こうした状況は、誰もが避けることはできません。

「自分の希望がぜんぜん通らない」「思いもよらない障害が立ちはだかり、立ち往生せざるを得ない」「状況の中に巻き込まれてしまい想像もしなかった仕事を引き受けるはめになる」……状況はさまざまですが、大事なのはそんな「寄り道」「回り道」を否定的にとらえず、どのように過ごすかではないか。

そこに気づかせてくれたのが「名著」でした。

そこには、「寄り道」「回り道」をどう過ごすかによって、そのいずれもが自分にとってかけがえのないものになり得るという智恵が、数多く秘められているのです。

ぼくは、それを「寄り道スイッチ」と呼んでいます。一見、無駄な時間と思われていた「寄り道」が、視点をカチッと切り替えるだけで自分にとって、とてつもなく豊かなものになる……そんな「スイッチ」を入れてくれるのが「名著」なのです。

1 「寄り道」で出会うもうひとりの自分

片岡鶴太郎
『筆のゆくまま、心のままに』
生活情報センター（2005）

サラリーマン人生の中で、どうしても避けては通れないのが、人事異動や転勤という状況かもしれません。ある意味、人生を最も左右するもの、と言っても過言ではないと思います。かく言うぼくも6回の異動と転勤を繰り返してきましたが、それぞれになかなかのドラマがありました。中でも、もっともドラマチックだったのは、東京から千葉への転勤。えっ？　どうしてドラマチックだったかって？　実は、転勤はしたのですが、千葉には住まず、東京から千葉へ通勤する

ことを決断したのです。誰かに言われたからでもない、自分自身で決めたことでした。
まだ、結婚して2年目で、単身赴任するのも、ちょっと寂しい（妻は東京で、やりがいのある仕事についていたのです）。自宅も購入したばかりで愛着があり、いきなり別の住居に移ってしまうのも、もったいない。家庭生活の方を大事にしたいから……と言えば聞こえはいいのですが、正直なところ、個人的なわがままから発したことでした。

その代わりにぼくが引き受けなければならなかったのは、片道1時間50分という長大な通勤時間でした。まあ、自業自得ではあるのですが、これがなかなかに過酷でした。正直、後悔したことがなかった、と言えば嘘になります。千葉への転勤がなければこんなことには、とも思いました。しかし、ここで試されているのは、「腐らない能力」だと思い直しました。思い通りにいかないのが人生。だけど、それを嘆いてばかりでは何も生まれない。

「与えられた条件をいったんすべて受け入れることから、新たな何かが生まれる」。そうです、思い出したのは、隈研吾さんの「負ける建築」の精神でした。ぼくは、片道1時間50分という「つらい時間」を前向きに受け入れ、それを何か新しいものを生み出す時間にしようと決意したのです。

とはいえ、列車内でできることは、読書くらいなもの。まあ、でもこの際だから、これまで買ったままで読めずに放置していた本をどんどん読んでしまおうと、大好きな美術関係の本から読み漁りました。それだけだと飽きてしまうので、頭の体操に、と読み始めたのがミステリー小説。巧みなストーリー展開で最後に見事などんでん返し！　というミステリー小説の構造が、番組構成の勉強になるかも……という下心もありました。

「心の奥底からの強い促し」に身を任せる

そんな中、久しぶりに読み直した1冊の本が、ぼくを驚くべき運命に導いていくことになるのです。

それが片岡鶴太郎さんが書いた『筆のむくまま、心のままに』。鶴太郎さんがその半生を振り返りながら、綴った本です。実は、鶴太郎さんとは、番組制作をきっかけに知り合い、その後、個人的に親しくおつきあいをさせていただくことになったのですが、その縁をつないでくれた本でした。久々にこの本を紐解きつつ、あらためて鶴太郎さんの人生に深い憧れをもちました。

とりわけ、この頃の自分に響いたのは、鶴太郎さんが40代を目前にした心境を綴った以下の一節でした。

「あぁ、三十代でやってきたことは、すべてここで決別なんだな」と思ったんです。風が変わったと感じたんですね。すると、無性に寂しい気持ちになりました。明日から、四十代から何をやったらいいんだろう。明日が見えない日々が続いたんです。

三十二、三歳の頃の焦燥感が再び訪れました。

生きる核がすべてなくなってしまったかのような無常観に襲われて、死というものを考えたのもこの頃です。答えを求めて京の寺まで行き、座禅を組んでみたりもしました。でも、何も解決しませんでした。

そんな時に、花を見たんです。

「ああ、花ってこんなに綺麗なんだ」

そして月を見る。

『あぁ、月ってこんなに綺麗で、見る者をなんとも言えない気持ちにさせてくれるんだ』

また、夕陽には何かきゅーんとなる物悲しさを感じます。切ないような。三十代の頃には感じられなかった心が、僕の中にあることに気づいたんです。

そうした時に、そんな花を描けるような人になりたいと、切ない気持ちを表現できるような人になりたいと思いました」。

（『筆のゆくまま、心のままに』より）

鶴太郎さんが40代を目前にして、初めて「絵を描きたい」と思った瞬間です。実は直接、お話をお聞きしたのですが、このときに見た花は「椿」だったそうです。鶴太郎さんは、そのとき、花の名前も知らなかったとおっしゃっていました。誰もみていないような場所で、ひっそりと美しい花を咲かせている椿の美しさに、心を突き動かされた鶴太郎さん。

でも、鶴太郎さんの本当の凄さは、そこで終わらず、椿の花によって呼び起こされた「心の奥底からの強い促し」を真っ直ぐに受け止め、「絵を描く」というまったく未知の世界へ踏み込んでいったことだと思います。

人には誰でも何かに強く感動を受けたり、何かがしたいと触発される瞬間があると思います。ですが、それを本当に自分のものにできるかどうかは、その「促し」をきっかけに、未知の世界に一歩踏み出せるかどうかだと思います。

俳優、タレントとしての本道を歩んでいた鶴太郎さんにとっては、最初のうちは絵を描くことは「寄り道」だったかもしれません。しかし、いまや、それは、ご自身をより光り輝かせるもうひとつの「本道」になっています。だから、「自分の心の奥底をゆさぶられるような促し」をきちんと受け止めることは、本当に大事なことなんだなと思います。

「人生のこのときに」やるべきこと

片道1時間50分という長い通勤時間を「何か新しいものを生み出す時間にしよう」と決意したまではよかったのですが、この本で、鶴太郎さんの思いにあらためて触れて、「自分には本気度がぜんぜん足りていない」ということを痛感しました。何かの役に立つのではないかと、のんべんだらりと続けていた読書でしたが、この時点から意識が変わりました。

自分が「人生のこのとき」にやるべきことは何か？　自分はどんな人になりたいのか？　自分は何に対して一歩踏み出せばよいのか？

そうしたことを真剣に問いかけながらの読書は、これまでとはまるで違うものになりました。この作業から、美術番組のアイデアが一つ実を結び、千葉発では初めての、全国放送の美術番組を制作することができたのです。

そして、もう一つ。自分ではまったく想像しなかった可能性が、この通勤時間に花開きました。

ここまで続けてきた大量の読書が、自分の脳内で化学反応を引き起こしたのです。

＜あれ？　ちょっと待てよ＞

その直観は唐突に訪れました。美術番組を一つ仕上げたものの、美術熱がまだ覚めやらぬ中、新たな美術番組の企画を考えていたときのことです。自分がいる地方局は、美術番組の専門部署ではありませんから、そうそう美術ネタばかり考えたところで実現できるあてはありません。実現のあてもない中、頭の中でぐるぐると、過去にボツになったネタも含めて、おもしろそうなネタをこねくり回していたときに、ひらめいたのです。

＜これって、ミステリー小説になるんじゃないか？＞

それがぼくの直観でした。殺人事件の犯人を捜したり、完全犯罪の謎を解いたり……というのがミステリー小説の定番ネタですが、美術界にも、絵を描いた画家が誰かを推理したり、真作か贋作かを鑑定したりと、ミステリーに親和性のある話題やネタがいろいろある、とひらめいたのです。

どうせ番組の企画が通るあてがないのなら、ミステリー小説に書いてみればいいんじゃないか……そう考えると、なんだかわくわくしてきました。自分がもっている、とっておきの美術ネタにうまく事件をからめつつストーリー化し、主人公が美術作品の真贋を推理していくという物語を考えてみる。

今まで、番組制作で使ってきた脳みそとは、まったく違う部分を使うような稀有な体験でしたが、思い切り楽しみながら書きました。もちろん、気が遠くなるほど長い通勤時間を使って――。40代にして、まったくの未知の領域に一歩足を踏み入れるという、ぼくにとっては、なかなかの冒険でした。

1カ月ほどで完成してしばらく放っておいたのですが、たまたまインターネットで検索していたら、ちょうど書いた分量に見合った小説を募集している地方文学賞がありました。

東京都立川市が主催している「立川文学賞」。〆切がもう間近に迫っていました。興味をひいたのは、審査委員長が志茂田景樹さんだということ。大学時代に夢中で読んだ小説『黄色い牙』（講談社）の作者です。まさか賞をとれるとは思えませんが、選考過程で憧れの志茂田さんに作品を読んでもらえたらうれしいなと思って、応募することにしました。

すでに投稿したことすら忘れていた数カ月後のことです。

「大賞に選ばれました。授賞式には参加できますか？」

思わず耳を疑う……なんていう紋切り型の言い回しがよく使われますが、立川文学賞事務局から一報をいただいたときの心境は、そうとしか表現できません。上ずる声で、選んでいただだいた御礼と、授賞式参加の意志を伝え終わると、しばらく携帯電話を握り締めたまま放心状態になったことを覚えています。

『狩野永徳の罠』……というのが、処女ミステリー小説の題名です。『立川文学賞Ⅲ』（けやき出版）という作品集におさめられていますが、作品の完成度についての評価はみなさんにおまかせするとして、「美術への愛の深さ」だけは、きっと感じてもらえるものになったという自負はあります。

今、振り返ると、通勤時間という、ある意味、長い「寄り道」が、小説という思ってもみなかった作品を生み出したのです。そして、もう一つ。この小説のネタ元になったのも、これまで希望の部署にいけず、やりたくてもやれなかった美術番組ネタでした。

没ネタとして脳内に蓄積されていたものが思わぬ形で、アウトプットされたのです。そう考えると、希望の部署にいけずに「寄り道」をしたからこそ生まれた小説なわけで、これもまた「寄り道」の副産物でした。

考えてもしょうがないと思ってきた一見無駄に思えることや、目標に到達できない「回り道」が、人生を思わぬ形で豊かにしてくれたのです。

今も、小説執筆は続けています。志茂田景樹さんから「書き続けなさい」という言葉をかけていただいたからです。この後、書いた作品は、三つの新人賞の最終候補まで残りましたが、最後の壁をどうしても超えることができません。あきらめずに、今後も自分のライフワークとして書き続けていきたいと心に誓っています。

「回り道」を強いられていると思っていても、腐っている場合じゃない。その「寄り道」こそが、自分を豊かにしてくれる可能性に満ちているのかもしれないのですから。

そう、「寄り道」こそが、人生をおもしろくしてくれる。そんな「寄り道」のすばらしさを教えてくれた片岡鶴太郎さんの本に、心から感謝しています。

2 「寄り道」は後で活きる

鳥塚亮
『いすみ鉄道公募社長　危機を乗り越える夢と戦略』
講談社（2011）

「ここにはね、《なんにもない》があるんです」

「いすみ鉄道」の社長、鳥塚亮さんに初めてお会いしたときにお聞きした言葉が、今も耳の奥に残っています。いすみ鉄道は、房総半島のほぼ中央を東西に走る、全長わずか26・8キロメートルのローカル鉄道。万年赤字で、何度か廃線も検討されたこともあるこの鉄道が、新しい社長を迎えて息を吹き返しつつある……という話を聞き、取材しようと訪ねたのでした。ぼくが千葉の放送局で働いていたときのことです。

冒頭の鳥塚さんの言葉は、「いすみ鉄道の沿線には、何か特別な魅力があるのでしょうか？」というぼくの質問への答えでしたが、「《なんにもない》がある」という言葉には、正直、意表をつかれて絶句してしまいました。しかし、鳥塚さんはそんなぼくの反応を意に介することなく、こんなふうに語ってくれました。

「都会に住んでいるみなさんって、普段はモノや情報がありあまるほどあふれている世界にいらっしゃって、実は、うんざりしているようなところがあるんじゃないかなって思うんです。で、このいすみ鉄道の沿線は、魅力的なテーマパークがあるわけでも、何でもそろう大規模商業施設があるわけでも、風光明媚《ふうこうめいび》な観光地があるわけでもない」。

「《なんにもない》がある」が宝物

「《なんにもない》んです。私は、その《なんにもない》が素敵にみえるちょっとしたしかけを考えただけ。するとね、休日になると、観光客が大挙していらっしゃる。みなさん、本当に《なんにもない》を求めていらっしゃるんですよ」

このちょっとしたしかけとは、現役を引退した、現存する最古のディーゼルカー「キハ52形」を買い取って休日に走らせること。クリーム色とオレンジ色のツートンカラーの、昭和を感じさせる懐かしい列車です。

中吊り広告には、昭和30年代から40年代の古い広告をあえて吊るしています。懐かしい「冷凍みかん」も駅の売店で販売されていて、旅のお供に車内に持ち込めます。

ぼくと同世代の方なら覚えているでしょうが、車窓のすぐ下に埋め込まれていた固定式の栓抜きが「キハ52形」にはついています。この固定式栓抜きを使わせるために、懐かしい、ウエストが引き締まった瓶入りコカ・コーラをわざわざ仕入れて売店で売っています。

舞台装置はたったこれだけですが、乗っていると、なんとも言えない懐かしさに襲われて、田園や里山が広がる車窓の風景が、いきなり自分が子どもの頃、見ていた風景に見えてくる。鳥塚さんの思うツボですが、なんとも言えず癒されて、何度も乗りにいきました。

こんなおもしろい発想をする鳥塚さんという人物に俄然、興味をかきたてられました。大筋のお話は取材で聞いたものの、もっとこの人のことが知りたいと思わず手にとったのが、売店で売られていた『いすみ鉄道公募社長　危機を乗り越える夢と戦略』という本でした。そこには彼の発想の秘密の数々が書かれていました。読んでわかったのは、鳥塚さんが『寄り道』の達人であるということです。

鳥塚さんは、もともと熱烈な鉄道少年で、夢は新幹線の運転士。ところが就職活動をしようとした時期は、国鉄が赤字に苦しみ、職員削減や省力化などの徹底した合理化策が進められていて、とても新卒社員を採用できる状況ではありませんでした。

夢破れた鳥塚さんは、同じ乗り物に関わる職種を目指そうと、航空業界に身を投じます。外資系航空会社に勤めつつ、鉄道への愛は鉄道ビデオ制作会社を立ち上げて、自ら撮影した映像を商品化し、販売することで満たし続けていました。

そんなときに巡ってきたのが、ローカル鉄道の社長公募という一大チャンス。まさか通るわけがないと、ダメもとでチャレンジした面接試験に見事合格。晴れて鉄道会社に社長として入社することになったのです。

給料は、航空会社で働いていたときの半分近くになると言われたそうですが、自らの夢のためならそんなことは、まったくいとわなかったという鳥塚さん。その半生は、小さい頃に描いた夢を実現するまでの「壮大な寄り道」だったのかもしれません。でもすごいのはここからです。打ち出した「いすみ鉄道再生策」の多くが、この「寄り道」時代の経験とつながっているのです。

たとえば、世間の度肝をぬいた「訓練費用自己負担運転士」という、まったく新しいしくみ。赤字体質で、自力で鉄道運転士を育て上げる資金力がない、いすみ鉄道で、なんとか次をになう運転士を育てたいと編み出されたものです。何が度肝を抜いたかというと、一人前の運転士になるまでにかかる700万円という訓練費を運転士候補生自らが負担するという前代未聞のアイデアだったからです。

その代わりに年齢を問わず広く社会人に門戸を開きました。700万円を自己負担してもいいから運転士になりたいという奇特な応募者は皆無だろうと周囲では囁かれていましたが、予想に反して、全国から16名の希望者が説明会に参加。取材した時点で、脱サラした40~50代の新人運転士が4人も誕生。夢を実現して、本当にイキイキと仕事をされている姿が、印象的でした。実はこのしくみ、航空会社に勤めていた頃の経験がヒントになっているのです。以下がそのアイデアの元を書いた箇所。

ちなみに、訓練生に費用を自己負担させるというシステムも、航空業界に似たような前例があるのです。

かつて日本航空では、コスト削減のためにＪＡＬエクスプレスという子会社をつくってパイロットを養成し、本社よりも安い賃金で雇っていました。ところが、手間と費用をかけてパイロットを養成しても、一人前になったころに給料の高い航空会社に転職してしまうというケースが続出したのです。それを防止するために、訓練生には訓練費用300万円を自己負担にし、それを会社が立て替える形にして勤務についてから5年間かけて会社に返済させていくという制度を採用しました。「訓練費自己負担運転士」はそれを逆にし、先にお金を払っていただいて、運転士の訓練を提供することでお返ししていこうというものです。（中略）

日本では、あらゆる社会、あらゆる世界がまだまだ閉鎖的で、排他的です。40歳をすぎてから医者や弁護士になろうとしても、現実的にはなかなかむずかしい。医大や法科大学院を出なければ資格試験に挑戦する機会すら得られないし、たとえ資格を取ったとしても弁護士会といった業界団体に属さなければ実際に働くことはかないません。ましてやパートタイム的に兼業するなんてもってのほか、という風潮が根強くあります。他業界の経験を生かして活躍する医師や弁護士がもっといて、いいのではないでしょうか。

業界団体が一種のムラ社会のような閉鎖《へいそく》的な集団をつくるのにも、たしかに利点はあるでしょう。一定以上の水準を保ったり、〝ムラ人〟の既得権益を守るためには必要な方法かもしれません。でも、日本中がいかんともしがたい閉塞《へいそく》状況にある現在、多種多様な価値観を認めて門戸を開かないことには現状を打破することなどできません。

とりわけ鉄道業界は活性化が焦眉《しょうび》の急だと思います。

（『いすみ鉄道公募社長 危機を乗り越える夢と戦略』より）


このアイデアには、赤字体質の中でなんとか人材育成をしようという苦肉の策という側面も、もちろんありますが、それを逆手にとって、固定的・閉鎖的な日本の雇用環境に、自らが風穴を開けて変革していきたい……という鳥塚さんの高い志があります。

このように、鳥塚さんのローカル鉄道再生策の数々には、「寄り道」での経験が見事に活かされています。この本から学んだのは「どれ一つとして財産にならない経験はない」ということでした。「経験を財産に変える視点のとり方」を学んだのです。

経験を財産に変える視点を持つ

ぼく自身も希望の部署にいけないことをずっと悩み続けてきました。「寄り道」「回り道」ばかりでも、視点を切り替えて、もう一度その経験を見つめ直せば、自分に活かせる宝がたくさんあるはず。

ドラマという未知の分野に踏み出した話は、すでに書きましたが、右も左もわからないドラマの仕事をするにあたっても、「寄り道の達人・鳥塚スピリット」は役立ちました。

自分がこれまでしてきた経験を一つひとつ点検して、何が役立つかをすべて洗い出すことにしたのです。ぼくはドラマ制作の経験がまったくない。それならば……。広報局という部署で仕事をしていたことを思い出しました。ドラマをPRするトーク番組を数多く手がけた経験を役立てればいい。ドラマ番組部にいるプロデューサーと、人脈ができていたので、その人脈を頼って、同期のドラマ・プロデューサーに数多くのノウハウを伝授してもらったのです。

ドラマPRのためには、ポスターを制作しなければならない。経験のないことだけれど、どうすれば？　エンターテインメント番組を担当していたときに、アートコーナーのコメンテーターを担当してくれた美術評論家の伊東順二さん（3章参照）のことが頭をよぎりました。彼の人脈で、優れた仕事をするグラフィックデザインの会社を紹介してもらい、そこで手取り足取り、ポスターのことを教えてもらうことができたのでした。

ポスターの原画イラストやドラマの題字をどうしよう？　イラストに題字？　そうか、達人をひとり知っていた。トーク番組制作を通じて親しくなった片岡鶴太郎さん。とんでもなくお忙しい人だけどどうだろう？　おそるおそるお会いして相談してみたら、原画イラストも題字も二つ返事でＯＫに！　しかも忙しい合間を縫ってワンシーンだけドラマに出演していただけたのでした。

返事をご本人からお聞きしたときは、涙が出るほどうれしかった。今でも、このドラマでの経験は、ぼくにとって人生の大きな宝物として胸に刻まれています。

鳥塚さんの本から学んだ「経験を財産に変える視点のとり方」のおかげで、これまで「寄り道」「回り道」で積み重ねてきた経験が、ドラマの仕事ですべてつながりました。

無駄な経験は一つだってない。視点を変えれば経験のすべてが、財産になるのです。

3 「哲学」という大いなる寄り道

鷲田清一
『京都の平熱―哲学者の都市案内』
講談社　講談社学術文庫（2013）

就職試験の面接、会社の考課面接など、人生には何度か自分の経歴や学歴を丁寧に説明しなければならない場面に出くわすことがあります。そんなときに、ぼくの場合、相手が必ず食いついてきたポイントがありました。それは大学で哲学を学び、大学院の修士課程で、文学研究科倫理学コースを修了していることです。

「どうしてまた、哲学や倫理学なんていう学問を勉強したのですか。しかも、大学院に進学してまで研究を？　どういう目的があったんですか」

という質問が必ずと言っていいほど投げかけられたのです。純粋に知的好奇心で質問されるケースもありますが、〈哲学なんていう現実にあまり役立たちそうにない学問をなぜ、６年間も学んだんだろう〉というちょっと意地悪なニュアンスが、質問する言葉の端々から感じられることがよくあります。

哲学は無用の長物？

たしかに「哲学」なんて無用の長物だと考える人は多いかもしれません。文系で学部を選ぶのなら「法律」とか「経済」を勉強したほうが、社会に出たときによほど役立つんじゃない？　と思うのが一般的なのでしょう。

高校のときの進路指導でも、まったく同じことを言われていました。今でもありありと思い出されるのですが、進路指導室はなぜか薄暗くて、じめじめしていました。古くなった本の香りがたちこめる、ちょっと苦手な場所だったんですよね。

「法学部か経済学部がいいんじゃないか？　就職活動では、その方が絶対に印象がいいぞ。『哲学、勉強していました』なんて言ったら、変人だと思われるんじゃないか」

担任の先生からそう言われたことをよく覚えています。もちろん、先生にはまったく悪気はない。ぼくのためを思って言ってくれているのは、重々承知していたのですが……。

でも、哲学科志望をやめられなかった。なぜか？　心の奥底からつきあげてくるような「促し」とでも言えばいいんでしょうか？　「哲学」という学問にどうしようもなく魅了されていたのです。

ぼくが「哲学」という学問に出会ったのは、高校二年生のときで、「倫理・社会」という授業。社会科の選択科目で、比較的暗記する項目が少なくて、ラクでいい……と選んだ動機は不純でした。ところが、この授業がむちゃくちゃおもしろかった。幸運だったのは、「倫理・社会」の先生が京都大学哲学科卒業のバリバリの哲学肌の先生だったこと。いちいち言うことがディープ。教科書に載っていないことも脱線しながら教えてくれました。

極めつけは、ドイツ語で書かれたカントやヘーゲルの原書を見せてくれたことです。もちろんまったく意味はわかりませんが、なんだか神々しくて――。ページをめくりながら、こんな本が読めたら楽しいだろうなぁと、胸をときめかせたことを思い出します。

哲学科を志望する決定打になったのは、哲学者ジャン＝ポール・サルトルとの出会いです。「倫理・社会」の授業の最後の方に出てきた哲学者なのですが、とにかくもう写真がかっこよかった。

トレンチコートを羽織ってパリの街を颯爽と歩く哲学者。中東戦争、朝鮮戦争、ハンガリー動乱、プラハの春、ヴェトナム戦争、原水爆実験……およそありとあらゆる世界史的事件に対して、常に弱者、抑圧された人々の立場に立ちながら、果敢に論陣を張り続けたサルトルの姿は、象牙の塔にこもって古典の訓詁《くんこ》注釈《ちゅうしゃく》をしているといった哲学者のイメージをぶち壊しました。

生まれて初めて書店に本を注文したのも、サルトルの「実存主義とは何か」でした。一読してほとんど意味がわからなかったにもかかわらず、胸の鼓動の高鳴りがとまりませんでした。サルトルは、この時期のぼくにとって、心ときめかすヒーローだったのです。

かくして大学生になり、哲学の道へ飛び込みました。『現代思想史入門』（ちくま新書）で知られる船木亨先生に薫陶を受け、哲学の「旨み」とでもいえるものを味わい尽くす幸せな日々でした。ええ、もちろん、その後の就職活動にも、社会人になってからの仕事にも、そこで得た知識は、ほとんど役立ちませんでした。でも、後悔したかというと、まったくそんなことはありません。

合計6年にもおよぶ哲学研究の中で得たものは、具体的な知識としては役立ってはいないものの、自分の骨格の一部をなしている実感はあります。しかし、以前はそれをうまく説明することができませんでした。そんなモヤモヤした気持ちを言語化してくれた本に、40代になってようやく出会えました。『京都の平熱─哲学者の都市案内』。奇しくも大学時代に学んだフランス現代哲学を研究する哲学者・鷲田清一さんが著した本です。

そんな修業時代にあって、何人かの知人から伝説として仄《ほの》かに耳に届いた言葉があった。桑原武夫先生の「おもろい」という一言だ。「頭がいい」でも「できる」でもなく、「おもろい」。これが桑原先生の最上級の褒め言葉だったというのだ。真偽のほどは知らないけれども、この一言で、京都の学風に憧れた高校時代のじぶんの直感がまちがいではなかったと思った。

「おもろい」。これは、これまでの通説やそれらが依拠している基礎そのものを揺るがし、くつがえす徴候を見てとったときに発せられる言葉だ。「頭がいい」や「できる」はいま流通している基準のなかで測られた評価でしかない。とんでもないことを言いだすやつを放逐したり、飼い慣らしたりするのではなく、野放しのままにしてくれる場所、それがここにあるとおもった。のちに理学部や農学部出身の研究者たちと共同研究をやることになったときも、この連中も京大のなかの、「おもろい」場所で育ち、鍛えられてきたのだなと、学生時代はなんのつきあいもなかったのに、妙な連帯感をおぼえた。

（『京都の平熱』より）

鷲田さんが「おもろい」というキーワードで語っていることが、哲学研究という場で学ばせてもらえたことではないか。「通説やそれらが依拠している基礎そのものを揺るがし、くつがえす」能力。哲学を通じてそんな力を身につけさせてもらったのではないか。

そう簡単には発揮できる能力ではないけれど、自分自身が限界まで力を振り絞ったとき、発揮される「基礎体力」のようなものがいつの間に身についている。そんなことに気づかせてくれました。

常識をいったん疑ってみる。自分を縛っている既存の考え方のしくみを揺さぶってみる。自分で本当に満足のいくような番組をつくれたときには、それが期せずしてできています。

何かを学ぶ、すばらしさ

火砕流が大きな被害をもたらした「雲仙普賢岳」の被災地を取材したときのことです。地元の小さなケーブルテレビ局が「救援物資はどこで受け取れるのか」「避難を余儀なくされ転校した友人は、どうしているのか」といった大手マスコミが決して伝えない細やかな情報を被災者に届けていることに気づきました。スタッフの三人の女性たちは、いずれも被災者。彼女たちの目線で切り取られた情報は地元の人たちに大いに役立っていました。「大きな事件だけがニュース」といった常識に縛られていたら気づけなかった事実です。

「いったん常識を疑ってみよう」「大きな流れではなく、ささいなところから見えてくる徴候に眼を凝らしてみよう」。哲学で学んだ思考の癖が実を結びました。地元のケーブルテレビ局のスタッフたちを主人公にして、それまであまり伝わることがなかった被災者たちの日常を丹念に描いたドキュメンタリーを制作。全国放送することができました。

振り返ってみると、自分ができごとを見つめる際の基本とも言える力を、無意識のうちに哲学から学んでいたのです。それは「単に暗記した知識量」みたいに量では測れないものでした。

「すぐに役に立たない分野は廃止を」「社会的要請の高い分野への転換に積極的に取り組め」などのかけ声のもと、政府は、大学などの教育機関を「実学」中心に再編成する方向へ大きく舵を切ろうとしています。

もちろん、旧態依然とした横並びから脱し、グローバル化や大学ごとの特色を出すために努力することは大切でしょう。だとしても、量として測れないからと言って「哲学」を学ぶような場を減らしてしまってよいのか、という疑問は残ります。

鷲田清一さんは、やはり『京都の平熱』の中で、「人間が何かを教え、学ぶことの意味」について、敗戦という極限状況の中で、死に物狂いで次の世代に何かを教えようとしていた人々のエピソードを挙げながら、次のように書いています。

その山崎（劇作家で評論家の山崎正和）が満州時代に受けた教育について書いた「もうひとつの学校」（『文明の構図』所収）にふれて、わたしは思わず目頭を熱くしたことがある。外は零下二十度という風土のなか、倉庫を改造した校舎は窓ガラスもなく、不ぞろいの机と椅子しかない。敗戦後の満州の中学校の暗い仮設の教室でのこと。引き揚げが進み、生徒数も日に日に減るなかで、教員免許ももたない技術者や、ときには大学教授が、毎日、マルティン・ルターの伝説を読み聞かせたり、中国語の詩（漢文ではない）を教えたり、小学唱歌しか知らない少年たちに古びた蓄音機でラヴェルの「水の戯れ」やドヴォルザークの「新世界」のレコードを聴かせた。そこには、「ほとんど死にもの狂いの動機が秘められていた。なにかを教えなければ、目の前の少年たちは人間の尊厳を失うだろうし、文化としての日本人の系譜が息絶えるだろう。そう思ったおとなたちは、ただ自分一人の権威において、知る限りのすべてを語り継がないではいられなかった」。そしてここに見られる「文化にたいする疼くような熱情、ほとんど生理的に近い欲望」こそ、いまの日本の教育に欠けているものではないかというのである。

（『京都の平熱』より）

極限状況にあった彼らが死に物狂いで伝えようとした「知」は、すぐに役立つ実学などではありませんでした。それは「マルティン・ルターの伝説」であり、「中国語の詩」であり、ラヴェルの「水の戯れ」でした。

何かを教え、語り継がなければ、「人間の尊厳」も「文化としての日本人の系譜」も息絶えてしまうという死に物狂いの動機。こんな思いに支えられてきたのが本物の「知」ではないでしょうか？

「何かを学ぶこと」のすばらしさ。それは直接的に役に立つ、立たないなどという次元を超えています。たとえば就職や実際の仕事に役立たないからといって無意味なことではありません。

自らの経験から、一見役立たないように見える学問を学ぶことが、物事を見つめる目を養ったり、人生をより豊かにする鍵を握っていると、胸を張って言えます。「学問する」という豊かな「寄り道」を、ぼくはこれからも続けていきたいと考えています。

第3章

異質なものをつなげば力となる

——本当の味方をつくる名著力

「落ちこぼれ」で「挫折」ばかり繰り返してきたなりに、多少なりとも人の役に立つ仕事ができるようになれたのは、よき「師匠」と出会えたからです。

「師匠」というと、何だか古めかしい言葉に聞こえるかもしれません。「どこかに弟子入りしてかばん持ちでもやるの？」と言われそうですが、ぼくはそんなに堅苦しく考えなくてもよいと思います。実際に会ったことがある人、会ったことがない人も含めて、誰だって憧れの人がひとりやふたりはいるもの。その「憧れの人」を「自分の師匠」と決めてしまえばいいのです。

こう決めた瞬間、その人は自分を照らす鏡になります。自分に足りないことを教えてくれるものさし。あるいは、自分が目標とすべき指標になります。

そこに到達できなくてもよいのです。自分が少しでもそこに近づきたいという願いを湧きたたせる存在であるのならば――。極端に言えば、それは亡くなった人でもいい。その人が遺した言葉を読むことさえできれば、故人だって「師匠」になり得るのです。

ぼくにとっての「師匠」は、自分が想像もつかないようなスケールの大きい発想をする人、どう考えても不可能と思える大きなプロジェクトを軽々と成し遂げてしまう人、自分の持っているビジョンをインパクトのある言葉で表現し、たちまちのうちに多くの人を説得してしまう人でした。

それらは自分自身がもっていない能力。だから、はたからみているだけで、いつも刺激を受けていましたし、「この人に一歩でも近づけたら」という向上心をいつも、もたせてくれました。

一人の力なんて、たかがしれています。だからこそ、自分にはない能力を持っていたり、比べものにはならないスケールを持っていたりする人を「師匠」にもつことが、自分を大きく成長させるジャンピングボードになるのです。

ぼくが師匠から学んだ最大のことは、「異質なものをつなぐことでパワーをつくり出す」という彼一流の方法でした。

そしてもう一つ、ぼくが多少なりとも創造的な仕事ができるようになれたのは、師匠という自身とはまったく「異質なもの」と、つながることができたからです。まずは、その師匠とのエピソードからみていくことにします。

1
異なるパワーを味方につける

岡倉天心　（大久保喬樹 訳）
『茶の本』
角川書店 角川ソフィア文庫（2005）

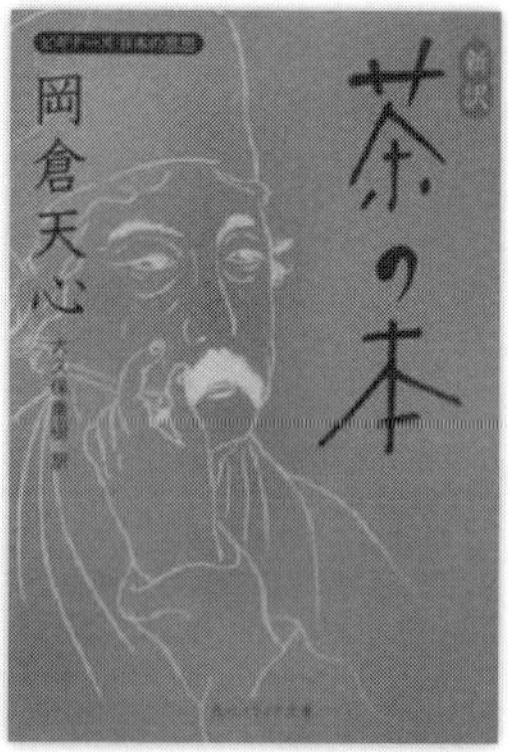

「みっちー、新しい美術館は、アフターファイブに楽しく女の子とデートできるような素敵なスポットに必ずしてみせるよ」

当時、長崎県美術館の館長に就任したばかりの美術評論家・伊東順二さんと久々に再会したときの第一声に、ぼくは度肝を抜かれました。ちなみに「みっちー」とは、ぼくの姓「あきみつ」

の「みつ」をもじったニックネームです。そして、この伊東順二さんこそ、ぼくの師匠に他なりません。かつて番組を通じて知り合ったときに、勝手に師匠と決めていただけなんですが――。

なぜ度肝を抜かれたかというと、数週間前に会ったときに、伊東さんといっしょに飲みながら「こんな美術館があったらいいね」と語り合ったアイデアの一つだったからです。

全国の多くの美術館は、午後5時閉館というのが定番。でも、平日の午後5時までに美術館を訪ねることができる層は、どれくらいいるでしょう？　専業主婦か、仕事を定年退職した人たちぐらいです。

これじゃあ、街の真ん中に素敵な美術館を建てても宝の持ち腐れです。でも、どういう理由からか、地方の美術館の多くは午後5時閉館が、この頃はスタンダード。公共美術館ゆえの限界？　人件費の問題？　よくわかりませんが、誰もこの常識を疑いませんでした。

ところが、伊東さんはあっという間に軽々とこの常識を覆してしまいました。長崎県美術館の閉館時間は午後8時。会社を終えたサラリーマンが女の子を連れてぐるりと美術館を1周して、そのままディナーになだれ込む。そんなリズムにぴったりの閉館時間です。

「これはいけるな」が即、行動へ

びっくりしたのは、ぼくのような若造がポロッと無責任に言ったひと言をすかさずキャッチして、それがおもしろいと思ったら、即断で実行してしまうところ。もちろん伊東さん本人もそんなアイデアは、すでにあたためていたことでしょう。ただ彼の凄さは、飲みの席の場で多くの若い人が吐露した「それ、いいよね」という生活実感のこもった言葉をとらえて「これはいけるな」と思ったのを即、実行に移したところにこそあるのです。

伊東さんの発想はそれだけにとどまりません。来館者をそのまま帰したのではもったいないと、デッドスペースになっていた美術館の本館と別館をつなぐ回廊に、カフェを設置するというアイデアを実現してしまいました。これは当初の計画にはなかったことです。しかもデートに華やかさを添えるシャンパンをオンリスト。

また、開催中の展覧会のイメージに合わせたオリジナルスイーツを地元商店街の洋菓子屋さんとのコラボで開発して人気を集めます。このしかけによって、伊東さんは、展覧会PRと地元商店街の活性化という一石二鳥を見事に果たしました。

それまで美術評論家として尊敬していたとはいえ、そのあまりにも巧みなプロデュース能力に、眩暈《めまい》にも似た興奮を味わいました。そして、伊東さんの発想力やプロデュース能力の源は、いったいどこにあるのかを真剣に知りたいと思ったのです。

あらためて伊東さんを師匠と決め、休日や業務外時間で時間の許す限り、師匠をボランティアでサポートしようと心に誓いました。そこには、師匠の仕事を間近で見つめつつ、その技を学び取りたいという思いもありました。その瞬間から、ぼくたちの冒険の日々が始まったのです。

相手をその気にさせるから実現する

まず、どうしても知りたいと思ったことは、思いついたアイデアをあっという間に実現してしまう秘密。実際に仕事をしていていつも感じるのは、アイデアは比較的簡単に思いつけるけど、それを実現するにはいろいろ障害が立ちはだかること。新しいアイデアであればあるほど、前例や規制の壁にはばまれるし、保守的な考えの人をなかなか動かせない。いったいどんなマジックを使っているのか？　何度か打ち合わせに同席させていただく中で、少しずつわかってきました。

それは「相手を高揚させる力」「相手をその気にさせる力」と言ってもよいでしょうか？　まあ、とにかく伊東さんのプレゼンは抜群におもしろい。でも、よく聞くと単純に話がおもしろいわけではない。たとえば、美術館の本館と別館をつなぐ回廊にカフェを設置するというアイデアのプレゼンは、「自分のやりたいことを押しつける」という感じがない。実際はそうであっても、そう聞こえないのです。人によって語り口が変わるんですよね。

たとえば、それが女性の関係者ならば、このカフェが実現すれば美術館でのデートがいかに楽しくなるかを、まるで目の前に風景が広がるようにイメージ豊かな言葉で語り聞かせる。逆に、少し頭ががちがちな役所の職員ならば、これまで自分が関わった同様のプロジェクトの前例を挙げながら、いかに既存の規則や規制を変更せずに、柔軟に合わせながら実現できるかをわかりやすく解説する。そして、それが「あなたの実績に必ずなりますよ」というおまけをつけて。こちらの話では、デートの「デ」の字も出ません。

相手のやりたいことにうまく寄り添いつつ、相手の心に火をつける。「このアイデアにのれば、むちゃくちゃおもしろくなるなぁ」「このアイデアが実現すれば、自分の実績や利益につながるぞ」といった印象を、非常に巧みなストーリーテリングでいつの間にか相手にのみこませてしまう。でも実現するのは、「自分が最初にやりたいと思いついたこと」なのです。

これが伊東マジックの極意。これを関係者のほとんどにやってしまう。すると、みんながその気になって動き始める。要は、最初はバラバラで異なる考えだった人たちが、伊東さんが生み出した「魅力的な物語」の中に巻き込まれて、一つのベクトルへと動き出すのです。

でもこれ、簡単そうに見えて本当にむずかしい。百戦錬磨とも言えるような修羅場を潜り抜けなければ得られない技術だと思います。

ただ、伊東さんのプロデュース能力や技術の基本となる「心の置き方」「身の置き方」に関しては、大きなヒントを与えてくれる名著がありました。伊東さんもかつて愛読していたという岡倉天心の『茶の本』。自分とは異なる力を味方にする極意が書かれてしまました。

天心は「琴ならし」という道教説話を用いて、「芸術の神秘」とでもいうべき事態を語っていきます。かつて森の王と言われた桐の古木から、ある仙人がつくり上げた琴がありました。これを入手した皇帝は、多くの琴の名人を呼んで弾かせようとします。

しかし、一向に琴は鳴ろうとしません。そこへ名人中の名人といわれる伯牙という男がやってきます。伯牙が琴に触れると、琴は待っていたといわんばかりに、この世のものとは思えないような美しい音色を奏で始めました。その音色に感銘を受けた皇帝は伯牙に尋ねます。


皇帝は、一体どこにこうした技の秘密があるのか伯牙に尋ねた。「陛下」と彼は答えた。「ほかの者たちは、自分自身のことしか歌おうとしなかったから失敗したのです。だが、私は、何について歌うかは琴にまかせました。そして、そうするうちに、琴が伯牙なのか、伯牙が琴なのかほんとうにわからなくなってしまったのです」。

この話は芸術鑑賞の神秘をよく示している。傑作というものは、私たちのうちに潜む最上の感情を奏でる交響楽なのである。つまり真の芸術とは伯牙であり、鑑賞者である私たちは龍門の琴なのだ。美の魔術的な指に触れられて、私たちの心の秘密の琴線《きんせん》は目覚め、呼びかけにこたえてうち震え、ぞくぞくする。心が心に語りかけるのであり、私たちは無言の声に耳を傾け、目に見えないものを見つめる。すると私たち自身も知らない奥深い調べが名人の手によって呼びさまされるのだ。

(『茶の本』より)

天心は、芸術を鑑賞するときに何が起こっているかを言おうとして、この説話を引いているのですが、これは、プロデューサーの仕事と相通じています。理想のプロデューサーの姿こそ、伯牙なのです。

物事がまったく動かないとき、そのプロデューサーは、自分の歌を歌おうとしてばかりいる。だが物事を動かすときに大切なのは、自分と異なる他者に、その人が本当に歌いたい歌を歌わせることなのだ。伯牙のように、いわば相手の気持ちと一体になって、どちらが自分かわからないくらいになって一緒に音を鳴り響かせること。そうすれば、ばらばらだった力を一つに織り合わせることができるし、物事は自然に、力強く動き始める。

これこそが伊東さん流プロデュース力の極意なのではないか。岡倉天心の言葉を読みながら、そのことが、胸にストンと落ちました。ぼくはその100分の1くらいのことしかできませんが、いっしょに仕事をしたい人を口説くときには、この極意を実践します。

相手が歌いたい歌を歌わせること。その人と一体になるくらいに深く相手を理解すること。これは、自分とはまったく異なったパワーを味方につけるときの最強の方法です。

ただ伊東さんから学んだプロデュース術は、これだけでは終わりません。話はさらに続きます。

2 すべては現在進行形である

インゴ・ギュンター
『地球56の顔』
小学館（1990）

インゴ・ギュンターという現代アーティストをご存知ですか?

現代アート好きであれば誰でも知っている世界的なスーパースターですが、一般的な知名度は低いかもしれません。ですが、彼の作品を一度でも目にすれば、どんなアート音痴でも間違いなくおもしろがられることでしょう。

彼の代表作『ワールド・プロセッサー 地球56の顔』はNASA（米国航空宇宙局）の地球資源探

査衛星ランドサットから得た画像データを解析し、さまざまなデザインの地球儀をアート作品として制作しました。

この地球儀がただの地球儀じゃない。内部から光を放つしかけになっていて、それが暗闇の中に浮かび上がるように展示されるだけでも美しいのですが、これが全部で１５００以上もあります。

各地球儀には「平均寿命」「酸性雨の状況」「インターネットユーザーの数」「テレビの所有率」「喫煙率」「原子力を持つ国と持たない国」といったテーマが設定されて、それぞれのデータが地球儀の表面に絶妙なアイデアでマッピングされている。

「喫煙率」なんて、地球の表面を覆うもうもうとした黒煙で表示されていて「ああ、北半球の先進国は真っ黒けだなぁ」と一目瞭然。一つひとつを見ていくと、今、世界が置かれている状況がわかります。『地球56の顔』という作品集で、その代表作を見ることができます。

異質なものをぶつけて結び合わせる

前置きがすごく長くなりましたが、そんな世界的なアーティストがふらりと長崎にやってきました。もちろん、他の用事で来日していたタイミングだったのでしょうが、伊東さんの「おもしろいから来ない？」というひと言がきっかけのようでした。

ええ、もう本当にびっくりです。まさかインゴさんに、長崎でお会いできるとは思ってもいませんでした。しかも、ちょっと忘れられないような強烈な体験が……。インゴさんと伊東さんとぼくがパンツ1枚になって、街のど真ん中でカヌーに乗っている。今も写真をみると笑ってしまいますが、長崎県美術館の中央を流れる運河で、親子で遊ぶためのカヌーの貸し出しが当時行われていて、せっかくだから乗ろうと意気投合。なんでパンツ1枚なのかと言うと、水がカヌーに流れ込んでぬれてしまうから。ほとんど子どもですね。遊び疲れた帰りにみんなで食べたゴルゴンゾーラのパスタの味が、今も忘れられません。

まあとにかく、ぼくが長崎に行ったときにはこんなことが、日常茶飯事でした。作家の伊集院静さん、建築家の隈研吾さん、イラストレーターの黒田征太郎さん、ハイパーメディアクリエイターの高城剛さん、現代アーティストの明和電機さん、グラフィックデザイナーの長友啓典《けいすけ》さん、ミュージシャンのサエキけんぞうさんなど。もうアート好きにはたまらない綺羅星のようなスターたちが、続々と長崎市を訪れました。

しかも美術館オープンから3カ月間というわずかな期間に。こんなことは長崎では前代未聞でしょう。で、みなさん、伊東さんがしかけたイベントに参加して長崎県美術館を盛り上げている。毎日のように、お祭りが繰り広げられているといったありさまでした。

まさに伊東マジックなのですが、彼の人脈もさることながら、やはりそこには、彼一流のプロデュース術が介在していると思うのです。周囲のみんなを「その気にさせて」巻き込んでいく、あの力です。

しかし、伊東さんがすごいのはそれだけではありません。お祭りをお祭りだけで終わらせない。美術館という一つの場を、人、モノ、情報を交差させ、これまでにない新しいものを生み出す実験室にしてしまったのです。

たとえば、グラフィックデザイナーの長友啓典さんは、その後、長崎県美術館のミュージアムグッズのデザインを手がけました。ポスターや本の装丁など平面のデザインを得意とする長友さんがマグカップのデザイン？　と一瞬驚きましたが、これが実に味のある仕上がりに。そう言えば、波佐見《はさみ》焼きという長崎県特産の焼き物をミュージアムグッズに仕立てたりもしていました。地域の力も積極的に取り入れていたことも印象的でした。

長崎で活躍するジャズピアニスト小國雅香《もとか》さんの演奏を気に入り「美術館のテーマ音楽を制作しよう」という案が飛び出しました。美術館にテーマ音楽？　これも前代未聞ですが、展覧会やシーンごとにいろいろな曲がかかったほうが楽しいと、複数の曲が作曲され、1枚のアルバムにまとめられました。

アルバムジャケットのデザインは、ユーミンのノベルティグッズデザインを手がけた千秋育子さんを起用。地元長崎のミュージシャンと大阪のイラストレーターの見事なコラボで、素敵なアルバムに仕上がりました。

かように、魅力的な存在を単体で置いておくことなく、意外なものどうし、異質なものどうしをぶつけて結び合わせ、魅力的な作品に仕上げてしまう。

これまで美術館というと、作品を陳列する静的で固定したハコモノというイメージでした。ですが、伊東さんがしかけた美術館はまるで違いました。イベントやコンテンツづくりを通して、人と人がめぐり合い、モノや情報が交錯し、異質なものが交じり合って、常に何かが生み出される「動的な場」になっている。美術館という場をこんなふうに使う人を、ぼくは初めてみました。

伊東順二
『現在美術』
PARCO出版（1985）

「現在進行形」からすべてを考える

こんな発想ができる秘密っていったいなんだろう。本人に聞いても「まあ、普通にやっているだけ」と笑っているばかりなので、伊東さんが書いた著作をもう一度読み直してみることにしました。

『現在美術』。伊東さんがまだ32歳のときに書いた美術評論家としてのデビュー作で、ぼくが大学時代、美術論をものする哲学者のことを論文にする際に、教科書のように使っていた本です。

そこには、伊東さんの発想の原点が書かれていました。みなさん、よく間違われるのですが、「現代美術」ではありません。「現在美術」です。「現在」というところがキモです。

なぜ「現代」ではなく「現在」美術なのか？　生まれつつあるアートを固定した対象ではなく、変化してやまない運動そのものとしてとらえたのです。従来の現代美術研究のように、作品を研究対象として固定し、「概念化してこと足れり」としたのでは、現代美術の革新性はとらえられない。すべてを「現在進行形」としてとらえてこそ、作品の本質に迫れる。これが、この本におさめられた評論に通底しているメッセージです。

現代美術に疎い人にはちょっと敷居が高いかもしれませんが、ちょっとだけ引用してみます。今や現代美術家としてよりも、「潜水服は蝶の夢をみる」を手がけた映画監督としての方が有名かもしれない世界的なアーティスト、ジュリアン・シュナーベルについて書かれた一節です。彼はデビュー当時、多くの美術評論家から酷評されていました。

食卓の途中で、私はグレースに「シュナーベルの絵をどう思うか」と突然乱暴な質問をしてみた。すると、彼女は苦虫をかみつぶしたような顔をして、「彼はレオ（カステリ）の創り上げたスターよ。それ以外の何ものでもないわ」と答えた。レスタニィもほぼ同じ意見で、「作品についても何も見るべきものがない」と言う。他に同席した人達の意見も大差のないものだった。しかし、私は納得することができなかった。他の分野ならいざしらず、皆がいうように、商業主義によってのみ創り上げられたスターが、これほどアート・シーンを揺り動かすことが果たしてできるのであろうか。そこが私の疑問点だった。

一九八二年三月、アムステルダム市立美術館で、シュナーベルの初の個展が開催されると聞いて、パリからアムステルダムに向かった。そして、美術館で彼の作品の全貌に初めて触れ、その時受けた感動は今でも強く印象に残っている。

彼の新作は私の予想をはるかに超えて凄まじいものであると同時に、二十世紀美術に一つの集大成を与えようとする彼の才能をあますところなく伝えていた。

十数センチの厚さに塗り固められた石膏の画面、四方八方に陶片やプラスチックの籠を初めとする日常の屑ともいえそうなものや、鹿の角、毛皮、ベルベットなどが埋めこまれたり貼られたりしている。その画面に描かれている絵の構図はあくまでも単純そのものであり、色彩も殆ど原色が用いられ、絵具はまるで溶岩のように厚く流れてところどころから噴き出している。しかし、そこに感じられるのは、こけ威しのスタンドプレー的なものでは決してなく、絵画の本質に切り込んで行くとさえ思える激しい創造のエネルギーである。

（『現在美術』より）

ここにあるのは、美術評論というよりも、ある事件に遭遇したひとりの人物の興奮をドキュメンタリータッチで描いたもの……としかいいようがない記述です。それは、今、そこで起きているできごとです。いかなる権威の評価にも一切左右されず、その目で作品をみるまでは誰の言葉も信じない強靭な意志が、強烈なインパクトに出会ったときに起こった事件の記述。美術作品を単に固定したものとして批評するのではなく、「現在進行形」の運動として描き出すことこそ、本当の意味でアートをとらえることだと、伊東さんは考えたのだと思います。

こうした美術評論家としての姿勢は、美術館運営にも生かされているとも言えます。伊東さんは、美術館という「ハコモノ」ですら、「現在進行形」の相のもとでとらえました。

美術館で大切なのは建物や所蔵作品だけでない。そこに出入りする人々や、美術作品にとどまらないコンテンツ、その地域の文化や風土にいたるまで、さまざまな異質なものが交錯し、出会い、融合し、新たなものが生み出される運動そのものが、美術館の本質である。そんな美術館のあり方を伊東さんは「呼吸する美術館」と名づけました。

まるで空気を呼吸するように、あらゆるものを取り入れ、価値あるものにして再び吐き出す。まさに「呼吸」です。この発想のもと、すべてを「現在進行形」でとらえ、美術館という場を使って、異質なものを呼び込み、ぶつけ合い、結び合わせて、みんなを驚かせるようなイベントやコンテンツを次々にプロデュースしていきました。これがもう一つの、伊東流プロデュース術の極意だったのです。

こうした「現在進行形の場」をつくることは、あらゆる仕事に有効な方法だと思います。ぼくも発想に行き詰まりそうになると、固定したスタッフの中に、まったく異なる分野の人材を招き入れるよう心がけています。

そうした場の中で異なる力が結び合わされると化学変化が起こり、予想を超えた発想が必ずと言っていいほど生み出されます。いろいろな力がせめぎ合う場をつくり出すことこそ、新しいものを生み出す最強のチームづくりにつながっていく。伊東さんの本やプロデュース術から学んだ、とても大事なポイントです。

3　一人ひとりに光を当てる

寺田啓佐
『発酵道』
スタジオK（2007）

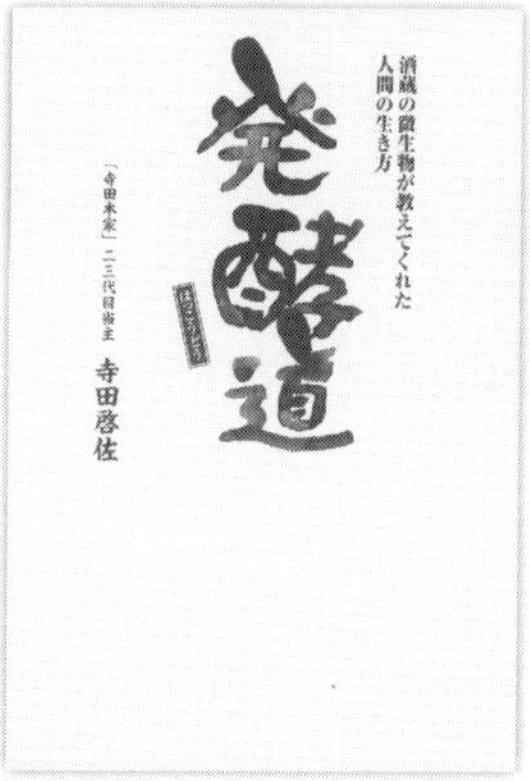

「微生物たちはね、みんな、ほんとうに仲良しなんですよ。その姿に学んだんです」

千葉県で一番人口の少ない神崎町で、創業から300年以上という長い歴史をもつ酒蔵を営む蔵主・寺田啓佐《けいすけ》さんに酒蔵運営の秘訣をお聞きした際、飛び出してきた言葉です。

突然「微生物」というワードが出てきて、場違い感に、一瞬あっけにとられてしまいました。

酒蔵運営の秘訣が微生物？　いったいどういうことなんだろう？　実はそこに、寺田さんの深い洞察があったのです。

ぼくがその後、何度も読ませていただいた寺田さんの著書『発酵道』から、その洞察を物語る一節を引用しましょう。寺田さんが、原料をおいしいお酒に発酵させていく微生物たちのプロセスを見つめながら学びとったことだそうです。

微生物たちは自分の出番になるとスッと出てきて、スムーズにバトンタッチが行われ、出番でもないのにでしゃばったりはしない。そんな謙虚さを兼ね備えているし、それぞれが相手を尊重しながら生きているのだ。「オレが、オレがの世界」ではなくて「調和」の世界がそこにはある。

微生物たちの世界は、強い者が弱い者を餌食にしてしまう弱肉強食の世界ではなく、相互扶助の世界ではないかと思う。自分と異なるものや、嫌いなものを排除したりしないで、助け合い、支え合いながら仲良く生きているように見えるし、相手を陥れようだとか、蹴落とそうだとか、微生物は考えたりしないはずだ。争わない、比較しない、生存競争など、どこにも見られないのが微生物の世界であり、まさに生命の結び合いの世

界なのだ。（中略）

そんな微生物の一匹一匹は、ひとたび出番が来るとまさに命がけで働いて、自分の使命、役割を果たすだけで、見返りなどまったく期待しない。まさに「与えっぱなし」だ。人間たちのように、金も地位も名誉もなにも求めたりしない。私利私欲など、どこにもないのだ。

「微生物なんだから、当たり前じゃないか」と言われれば、それまでだが、私は彼らの世界をのぞけばのぞくほど、感心させられる。謙虚な姿勢でありながら、自分らしく、楽しく、仲よく生きているようにみえる。

そこは大きな共生の世界、仲よしの世界、感謝と報恩の世界だ。本来自然界は、動物の世界も植物の世界も、そしてこの人間界だって、同じような仲よしの世界だったのではなかったか。調和と愛の世界だったのではなかっただろうか。

（『発酵道』より）


微生物たちの世界にこそ、最強のチームワークづくりの秘訣があるかもしれない――まだ漠然としたイメージでしかありませんでしたが、寺田さんの話から、そんなことを感じました。というのも、取材をしていく中でわかったのですが、この蔵で働く蔵人たちのチームワークは本当にすばらしいのです。

もともとは全国各地から集まってきた20～30代（当時）の若者たちというのも驚きですが、元カフェの店員、出版社の元社員、元理容師……と、まったく出自を異にするメンバーで、それぞれに独自の価値観や個性をもっているにもかかわらず、酒造りという一点では、見事にそれぞれの役割を尊重し、助け合い、一つのチームとしてまとまっている。寺田さんがいう微生物たちの「生命の結び合い」をみる思いでした。

挫折の中で気づいた「発酵」の意味

微生物たちの姿に学ぶ、というだけでこんなふうになるものでしょうか？　実はこの裏に、寺田さんが大きな挫折の中でつかみとった「発酵」という言葉の深い意味があることが、『発酵道』を読み進めていくとわかっていきます。

もともと電化製品を販売するバリバリの企業戦士だった寺田さん。酒蔵に入った当初は、自分の経験を活かして「儲ける会社に自分がしてやる」と意気込んで経営に取り組んでいました。何よりも利益優先で、酒の質や味よりも、効率のよさ、生産性の高さだけを最優先して酒造りを続けました。

ところが、消費者の日本酒離れをきっかけに、やることなすこと裏目に出始めます。それでも儲け主義をやめようとしなかった寺田さんは、とうとう不摂生とストレスがたたって、直腸が腐ってしまう大病を患います。入院生活の中で、「腐ること」と「発酵すること」の違いに思いをいたすようになったのでした。

腸が腐るとは、またなんとストレートな病気の表し方だろうか?

でも、なぜ腐ってしまったのだろう?

うちの会社の経営も、腐っていたってことだよなあ。どうすれば腐らなかったのだろう、自分も会社も。そもそも腐るって、何だろう?

そんなことを考えていたら、あるとき大変なことに、いやすごく当たり前なことに気づいてしまった。

「発酵すると腐らない」

なすだってきゅうりだって、そのまま放置していればいずれ腐敗してしまうのに、ぬかみその中に入れればいつまでも腐らない。日本の発酵食品の代表選手であるみそやしょうゆも、製造過程で腐ったなんて話は、いまだかつて聞いたことがない。その理由は、発酵しているからにほかならないのだ。

「発酵」とは、味や香りを変化させながら、腐ることなく熟成させていくものだ。アレ？確か、発酵と腐敗のメカニズムは同じではなかったか？　どちらも、さまざまな微生物やそれらが生産した酵素の働きによって有機化合物が分解され、別の物質を作り出す現象をいうはずだ。

けれど、そこでできた物質が、人間にとって有益なら「発酵」と呼ばれ、有害なら「腐敗」と呼ばれる。（中略）

腐敗の原因は蔵の菌バランス崩れたことが原因ではないか。微生物のたちの調和した世界を、乱したのは何か？

発酵に適した環境を整えてやれば、腐敗は防げるのではないか。

（『発酵道』より）

寺田さんは、この気づきをきっかけに、これまでの儲け主義のやり方は一切やめました。そして、人工的な培養酵母による酒造もやめ、蔵の環境を整えて、蔵にもともと住み着いている天然酵母などの微生物たちによる生態系のバランスを取り戻したのです。

徹底した手づくり、蔵に住む天然の微生物たちにまかせきった自然な酒造りに戻していきました。その結果、「飲んでも二日酔いしないお酒」「健康によく元気になるお酒」という評判を勝ち得、見事に酒蔵の再生を果たしていったのです。

寺田さんが凄いのは、この発酵のあり方が、人間や社会にも通じると考えたところ。人間や社会も発酵する。いったいそれはどういうことか？　寺田さんに聞いてみると、

「ひと言で言えば、一人ひとりが《わくわくしちゃう》ってことなんですよ、それが発酵です」

この言葉にもぶっ飛びましたが、「発酵道」には、その内実が書かれています。

自分を好きになって、自分のために生きるということだ。これは、我欲とは違う。まわりと調和しながら、自分のために生きるというのがポイントなのだ。

それは同時に自らの役割、使命を、心得て、自分の生命を燃焼させていく生き方でもある。酒造りでいえば、硝酸還元菌が亜硝酸を作り、乳酸菌が乳酸を作り、酵母菌がアルコールを作り出すように、一人一人にきっと役割があるはずだ。そうやって、自分の

生命をよりよく生かしていく、それが「自分らしく」なのだ。

（『発酵道』より）

微生物のように、まわりと調和しながら、自分を好きになり、自分の生命を燃焼させることでわくわくしちゃう……それこそが人間にとっての「発酵」。でも、「チームワーク」と「自分好き」は、普通に考えてもなかなか両立しがたいことのような気がします。やはりこれだけではわかりません。それぞれに異なる個性を持ったチーム寺田が見事に調和してまとまる秘訣っていったい？どうやったらチームが発酵するんでしょうか。

「発酵の秘訣は、異なる一人ひとりの個性に光を当てて、それぞれがわくわく働けるように、《よい言葉》をかけてあげることでしょうね」

寺田さんは、そう言い切ります。「発酵道」には、さらに、くわしくこう書かれています。

それらの選択のなかでも、特にはっきりと結果が出てくるのは、私たちが発する「言葉」ではないだろうか。いい言葉が発せられれば、そこは発酵場となっていく。悪い言葉が発せられれば、そこは腐敗場になる。この感覚は、だれにでもわかるのではなかろうか。いやな言葉を聞いて、気持ちがよくなる人はいないであろうから。「こんちくしょう」は、いつだって腐敗場を作ってきた。家庭でも学校でも会社でも、ひいては政治、経済、国家間においても。「こんちくしょう」から発せられたエネルギーは、すべてを腐敗の方向に導いてきた。（中略）

「こんちくしょう」が腐敗場を作るのに対し、「ありがとうございます」は、発酵場を作る。幸福につながっていく。だから、嫌なことがあっても、プラスの言葉を並べていたらいいのだ。そうすればどんな腐敗場だって、どんどん変わっていく。

（『発酵道』より）

一人ひとりに光を当てること

この『発酵道』が、現状打開のための大きなヒントを与えてくれたできごとがありました。千葉でのドラマ撮影の現場（第2章参照）でのことです。

ドラマの演出に関しては、門外漢のぼくは、演出に関して気の利いたアドバイスができるわけではありませんでした。できることは、プロデューサーとして、出演者のケアやトラブル処理、協力してくれる地元の方々への対応、スタッフ全体の動きの調整などといった業務をひたすらこなすことでした。

でも、心のどこかで考え続けていたのです。スタッフのみなさんが創造的なお仕事をするための手助けができないかなってことを。分野は違えども、ぼく自身も番組づくりを愛するディレクターでもあったわけですから。

それと、もう一つ。このドラマ撮影、東京のスタッフと千葉のスタッフの混成チームでした。互いに少し遠慮し合っているようなところもあって、チームとしてもう少し打ち解けられたら、ということもありました。そんなときにおもしろい事実に気づきました。

「そんなに当てなくていいよ、ここは！」

大声でそう指示している照明チームのチーフSさんは、大河ドラマ『龍馬伝』の照明も手がけた「NHKの照明を変えた男」とまで言われるプロ中のプロです。でも、照明のチーフなのに、逆に「照明を当てるな」という指示っていったい？　ドラマって虚構の世界だから、バチバチに照明を当てて映像をつくり込むもの……といった思い込みをしていたので、とても意外な指示でした。

でも、仕上がった映像をみて納得。その場その瞬間でSさんは、現場の自然の光をきちんと読んでいたのです。人工的な照明は、対象を美しく浮かび上がらせるために重要な場合もありますが、ときに、やりすぎると不自然になってしまう。Sさんは、その場の、光のありようを瞬時に読んで、絶妙な頃合いを計算していたのです。照明の仕事は、「照明を当てないこと」も重要なんだ、ということを思い知らされた瞬間でした。

〈待てよ? これはドラマ制作に慣れていないからこそ気づくようなことじゃないのか? 〉

そのとき、稲妻のようにアイデアが閃《ひらめ》きました。おそらく、ドラマのプロの間ではこうしたことは極々当たり前のように行われていることで、とりたててスポットが当たったりしないことなのではないか? だったらそれをおもしろがれる自分がうまく見つけ出してブログで発信すれば、それは視聴者にとってはとても新鮮な情報だし、ドラマ制作がどんなこだわりの中でつくられているかを伝えることにもなる。

いや、それ以上に思ったのは、ブログを通してチームの一人ひとりの裏方の仕事に光が当たれば、よりよいドラマをつくるためにお互いが本気で支え合っているという事実を目に見える形で共有できる……ことでした。こう気づくためのヒントを与えてくれたのは、寺田さんの「それぞれが相手を尊重しながら、わくわく働ければ、そこに発酵が起こる」という「発酵道」の言葉。「一人ひとりに光を当てること」で、撮影現場をみんなが楽しく働ける「発酵場」にする。それができれば、それぞれ異なった個性を持ったみんなの力がより緊密に結び合わされ、大きな化学変化を起こしていけるかもしれない。

　ぼくが名づけたブログ記事の通しタイトルは「裏方列伝」。その日から、どんなに仕事が終わるのが遅くなろうが、毎日1本ブログを書くことを自分に課しました。どうしても物理的な時間がない場合には、他のスタッフにも手伝ってもらいました。心がけたのは、一つひとつ心を込めて、その人それぞれの個性に光が当たるような温かい言葉を綴ること。

　コツコツと続けているうちに、「こんな写真撮ったからぼくらの仕事も紹介してよ」「いやぁ、いつもは自分の仕事を夢中でやっているだけだけど、こんな人たちに支えられていると思って感動した」など、スタッフから多くの声が寄せられるようになりました。

　ブログを共通の話題にして、もともと東京と千葉という別々の部署から集まったメンバー同士で、コミュニケーションがとれるようにもなりました。中には、「俺もブログ書いたからのっけてよ」なんていう声も。その原稿が届いて驚きました。「ロケのスケジュールはタイトでしたが、スタッフの結束で乗り切りました」という力強い言葉が添えられていたのです。

みんなの力が一つに結び合わさっていることを実感しました。『発酵道』のおかげで、ささやかながらチームワークづくりの触媒になれたのではないかと思います。

「一人ひとりに光を当てる」ことは、シンプルだからこそ、いろいろなやり方が考えられるもの。『発酵道』には、さまざまな職場で活用できるチームづくりの智恵がつまっていました。

第4章

逆境をプラスに転化せよ

――困難を乗り切る名著力

本章では、まず若き日のぼくのダメさ加減をたっぷり書かなければなりません。正直、ほんの少し、昔のことを思い出すだけでも、恥ずかしさで身がよじれてしまいそうです。

ここまで散々偉そうなことを書いてきましたが、はっきり言ってぼくは「落ちこぼれ」でした。ディレクター時代、あまりにも撮影がうまくいかないので、上司がはるばるロケ現場まで撮影を手伝いにきたこともあります。

違う部署では、上司の方針がどうしても納得できず、現場から逃げ出したことも。取材相手が怖くてたまらなくなり、代わりに後輩が会いにいく、なんていうこともありました。今、振り返っても情けなくなってきます。

そんな情けない若手時代をすごしたのに、曲がりなりにも今、仕事を続けていられるのは、とことんダメなぼくの中によさや可能性を見つけてくれた先輩たちがいたからです。えっ、そんなダメなやつに「可能性」なんてあったのかって？ そうですね、ぼくが上の人間だったら、きっと見逃してしまっていたでしょう。

でも、先輩たちは本当に辛抱強く、大きな心で見守ってくれたのです。だからそんな先輩方にならって、自分の部下にもそんな気持ちで向き合おうと心に誓っています。

どんなマイナス要素の中にも必ずプラスの側面がある。どんな逆境の中にも、それをプラスに転化する芽が必ずある……言葉ではよく語られることですが、実際に経験するまでは、単なる励ましの言葉だろうくらいに思っていました。ですが、身をもって味わった後は、これらの言葉が圧倒的なリアルさをもって胸に迫ってきています。

1 心の中に「拙」を持て！

洪自誠（湯浅邦弘 訳）
『菜根譚』
KADOKAWA 角川ソフィア文庫（2014）

文《ぶん》は拙《せつ》を以《もっ》て進《すす》み、道《みち》は拙《せつ》を以《もっ》て成《な》る。一《いち》の拙字《せつじ》に無限《むげん》の意味《いみ》有《あ》り。

【現代語訳】文章は、拙を守って進歩し、道徳は拙を守ることによって完成する。たったひとつの「拙」の字に無限の意味がある。

（『菜根譚』より）

中国の明代末期に書かれた『菜根譚』という名著の一節です。『菜根譚』は、恥ずかしながら、番組制作を通じて出会うまでは、まったく知らない本でした。しかし、実は、調べてみるとなかなかにすごい本で、処世訓の最高傑作の一つに数えられ、田中角栄、吉川英治、川上哲治、五島慶太ら各界のリーダーたちから座右の書として愛された本なのです。

仕事で読んだ本なので、最初は半ば義務的に読み始めたのですが、この一節に出会って心を揺さぶられるような思いがしたのを今でもよく覚えています。この言葉は、短い一節ですが、私の心に一番ズキンときた言葉でした。

「拙」は「稚拙」「拙劣」「拙速」などの言葉からもわかる通り、「つたないこと」を意味します。どう考えてもマイナスなこの言葉を『菜根譚』は見事にプラスの言葉に転化します。そこに「無限の意味」があるというのです。果たしてどういうことなのか？　ちょっとだけ、新人時代の体験におつきあいください。

取材を通して自分ができること

その日は、黒い雨が降っていました。当時、半ばパニック状態に陥っていて記憶が混乱していますが、１９９1年6月3日か、その直後の数日間のことだったと思います。雲仙普賢岳の裾野にある長崎県島原市と深江町が、大火砕流による大きな災害にみまわれ、43人の死者・行方不明者を出す大惨事となった日の直後のことでした。ぼくは、その1週間くらい前から散発的に起こっていた土石流災害（噴火による火山灰と大雨によってもたらされた）の情報を伝えるための取材班として現地に派遣されていました。まさか火砕流がこんなにも恐ろしいものだということを夢にも思わずに……。

黒い雨になったのは、火砕流によって巻き上げられた火山灰などが雨粒に混じったことが原因だったと記憶します。幹線道路を走る車のフロントガラスに黒い雨が容赦なくたたきつけられ、みるみるうちに視界を奪っていきます。

火山灰が混じっているためワイパーもうまく動きません。ドライバーたちは、かろうじて視界を確保しながら、のろのろ運転を余儀なくされていました。「事故が起こらなければいいな」と祈るような気持ちを抱きながら取材先への道を急いでいたとき、胸をつかれるような光景に出会いました。

幹線道路沿いに立つ住宅の住人たちやガソリンスタンドの従業員たちが手に手にホースをもって、道行く自動車に水をかけているのです。泥のようにフロントガラスを覆った火山灰を洗い流すためです。胸の奥から熱いものがこみあげてきました。同じような被害を受けてみんなが厳しい状況にあるだろうに、この町の人々はなんて温かくてやさしいのだろう。一番大変なときに、自分以外の人にこんなにも心をくだけるなんて。

この人たちのために何かできることはないのか。まだ入社して1年ちょっとの人間が、初めて何もできない自分に焦燥感をもった瞬間であり、自分の仕事にこれまでにないくらい真剣に向き合った瞬間でした。

被災者のためにできることは何か。マスコミの仕事を始めたばかりで取材の方法も拙《つたな》く、必要な情報を効率的に集めることもできなければ、キーパーソンと関係を築くこともまったくできていませんでした。自分なりに考えて思ったのは「被災者の人たちが今、一番困っていることは何か」を知ることが、なによりも大事なのではないかということでした。

でも効率的な方法などまったく考えもつかず、避難している人たちが一番多く集まった仮設住宅を一軒一軒がむしゃらに訪問して話を聞き続けました。でもこの方法では、1日に回れても7～8軒ほど。100世帯ほどもあるその仮設住宅をまわるだけでも10日以上かかります。でも自分ができることはこれしかないと、ひたすら愚直に訪問を続けました。

業を煮やしたのは、当時の上司です。秋満は現地に1週間近く取材に入っているのに、一向に企画書も番組構成も送ってくる気配がない。いったい何をやっているんだ。そんな厳しい声が同僚を介して聞こえてきました。正直焦りましたが、取材すればするほど、被災者の人たちの悩みが多岐にわたっていることがわかり、どう番組にまとめていったらいいかわからなくなっていきます。そうこうしているうちに、今後の番組をどうするかを検討するために、上司たちが現地にのりこんでくる日がやってきました。

開口一番、これまでの取材の報告を求められました。とても厳しい目で問い詰められたことをよく覚えています。ぼくは、おそるおそる折りたたんでいた1枚の大きな紙を開いてみせました。それは、島原市で一番戸数の多い仮設住宅の配置図。その一軒一軒に、それぞれの細かい家族構成や何に困っているか、今、一番足りないものは何かを書き留めたものでした。9割がたの住宅にその情報が書きこんでありました。

一瞬、沈黙が流れました。間違いなく怒られる……と思い、うつむいて身を固くしていると、一番怖いと思っていた上司から意外な言葉が投げかけられました。

「秋満、おまえ、よくここまで調べ上げたな」

顔を上げると、上司は笑顔を浮かべています。

「不器用なやり方だけど、こういうのが取材の原点なんだよ。俺は、こんなに丁寧に一軒一軒被災者をまわって取材した資料をみたことがない。テレビの取材は、スピードが要求されることも多いから、こういうやり方ばかりやっているわけにはいかないが、本来は、取材対象一人ひとりにこうやって真剣に向き合うことが大事なんだ。おまえは、今回の取材で一番大事なことを学んだ。これからその志だけは、絶対忘れるなよ」

あまりにも拙くて、非効率的な取材方法にあきれて苦笑いする上司もいましたが、一番怖い上司だけは、そういって励ましてくれました。そしてぼくが必死で書き込んだ情報を丹念に拾い出し、一緒になって番組構成を練ってくれたのでした。

「体裁」よりも大事なこと

もう一つ、被災地でとても大切なことを学びました。ぼくはとにかくインタビューが苦手でした。それもあってあらかじめ入念に質問事項を練りに練っていきます。ところが、事前に練れば練るほどどうまくいきません。取材のときは、結構、本音で語ってくれる被災者が、いざカメラを回すと、とたんにかたくなり、口が重くなるのです。いったいどうしてなのか？

こんな経験がありました。お年寄りの女性が一人暮らしする仮設住宅でのこと。テレビ局名を名乗って訪ねていくと開口一番こう言います。

「あんたたちも、ひどかねぇ」

これには、心底肝が冷えました。そうなのだ。こんな大変な避難生活をしているのに、マスコミの人間がずかずかと取材にはいっていく……そんな人間たちは当然現地の人たちにとって「ひどい」とうつるものなのだ。すまない気持ちでぺこぺこ謝りながら「すぐに帰りますので」と言い訳をしつつ取材をはじめます。ところが最初の言葉と裏腹に、その女性は次から次へとしゃべりまくります。いったいどういうことなのか。

後でわかったのですが、最初の言葉の意味はまるで逆だったのです。「あんたたちも、ひどかねぇ」は、「あなたたちはひどい人間ね」という意味ではありませんでした。「大変だねぇ」という意味で、ねぎらいを示す方言だったのです。

この言葉を仮設住宅で何度も聞きました。初めてその意味を知ったとき、涙があふれました。ただでさえ大変な避難生活を送っているというのに、ずかずかと訪問してくるマスコミの人間に対して、いつも「大変だねぇ」と気遣いを示すこの人たちのやさしさは、どこからくるのだろう。地方に今も生きている、奥ゆかしい気遣い、人々をつなぐ絆の深さを心の底から感じました。

そして気づいたのです。ぼくが世間話をしながら、自分の家族に話を聞くように、自分の心をさらけ出しながら話を聞いたときにこそ、この人たちは本音の言葉で答えてくれるのだということを。これまで、カメラを回しながらインタビューするとき、きれいな言葉で上手に質問することばかりに心をくだいていました。でも、これは間違いでした。

時間をかけて練り上げた「巧み」な質問ができたとしても、相手は本音を決して聞かせてはくれません。相手から本当の気持ちを引き出せたインタビューは、あとで振り返ると、自分が言いたいことがなかなか言えなくて、でもなんとか相手に伝えたくて、もどかしくて、とちりながらでも愚直な気持ちをぶつけたインタビューでした。言葉は稚拙だったけども、その「真っ直ぐな気持ち」に何かを感じてくれるのです。

思えば、雲仙普賢岳の被災者取材で一番思い出に残っているのは、みかん農家のおばさんへのインタビューでした。あるドキュメンタリーの主人公のおかあさんだったのですが、インタビューの直前に前歯を折ってしまったので、それが映ってしまうのが恥ずかしいと、なかなか口を開いてくれませんでした。

おばさんのみかん畑は、火砕流がいつきてもおかしくないということで、「警戒区域」という立ち入り禁止区域に指定されてしまい、一切、人が足を踏み入れることができない場所になっていました。ちょうど取材の頃、みかんの収穫時期を迎えていました。ぼくは、被災者の人たちの大変さを伝えるために、みかん畑にいけない無念の思いを聞きだせたらと願っていました。
自分の家も農家だったことを思い出し、いかに自分の祖父母や両親が自分で育てた作物を大切に思っていたのか、そこから語りはじめました。インタビューするうえではまったく必要のない話でしたが、そのおばさんと同じ気持ちだということを何とか知ってもらいたいという思いで、話をしました。もちろん言葉を飾ることなく、本音で。
「あのみかん畑は、どうなってるのか。丹精こめて育ててきたのに。無念でならないねぇ」
うっすらと涙を浮かべながら、はじめてそう語ってくれたおばさん。あの表情が今も忘れられません。言葉はたとえ下手でも、本気で心をさらけ出し、まっすぐに向き合っていけば、いつか人は心を開いてくれる。そう思えた瞬間でした。

文《ぶん》は拙《せつ》を以《もっ》て進《すす》み、道《みち》は拙《せつ》を以《もっ》て成《な》る。一《いち》の拙字《せつじ》に無限《むげん》の意味《いみ》有《あ》り。

（『菜根譚』より）

『菜根譚』のこの言葉に出会ったとき、こんな体験がわーっと胸の奥から甦《よみがえ》ってきました。名著の言葉は、ときとして、自分自身のかけがえのない過去の体験を、鮮やかな光芒《こうぼう》で照らし出してくれることがあります。

自分にとって「拙」とは、不器用で非効率だけど、困っている人たち一人ひとりの声に耳を傾けること。言葉は拙《つたな》くとも、本当の気持ちをぶつけて相手の心に一歩でも近づくこと。そこには、自分自身の可能性を大きく開いていく鍵が確かにありました。

効率が優先され、「巧み」ばかりが尊ばれる現代にあって、こんな「拙」を笑い飛ばす人もいるかもしれません。また、「拙」だけで世の中を渡っていけるとも思っていません。「拙」という言葉に甘えてはいけないとも思います。ただその一方で、本当に伝わるのは不器用だけど真っ直ぐな「拙」なのだということを忘れてはいけない。『菜根譚』はそんな原点を思い出させてくれるのです。

2 「言葉」が苦しみを支えてくれる

アンネ・フランク（深町眞理子 訳）
『アンネの日記』
文藝春秋　文春文庫（2003）

ジャガイモまでがつぎつぎと妙《みょう》な病気にかかりだし、バケツに二杯《はい》持ってきても、そのうちまるまる一杯分は、ストーブへ直行することになります。お慰《なぐさ》みまでに、みんなで病気の種類を研究した結果、ジャガイモの病気にも、癌《がん》から天然痘《てんねんとう》、はしかまであるという結論に達しました。

（『アンネの日記』より）

さて、このユーモアたっぷりの文章はいったい何の作品から引用したものでしょう。……というか表題をつけてしまったからおわかりになりますね。そう、聖書に継ぐベストセラーと言われる**『アンネの日記』**の一節です。保存していたジャガイモがどんどん傷んでいき、食料不足に悩まされるというような、嘆くしかないような隠れ家生活の状況を、「ジャガイモに病名をつける」という茶目っ気たっぷりの描写で、喜劇的なシーンに変えてしまうアンネのユーモアセンスが炸裂した文章です。

イキイキとした文学作品『アンネの日記』

『アンネの日記』。あなたも子どもの頃、夏休みの課題図書などに指定されて、読書感想文を書かされたのではないでしょうか？　ぼくも、確か小学生の頃に、児童向けに抄訳されたかなり薄い本を読んだ記憶があります。

でも、なんだか狭い場所に閉じ込められたかわいそうな少女のお話……といった記憶しかないのです。おそらく紹介してくれた先生が「ナチスの迫害を受けて隠れ家に住むことを余儀なくされたかわいそうな少女の話」といったイメージを植えつけたのではないか、と勝手に憶測しています。

『アンネの日記』は、そういう意味でとても不幸な本で、「悲劇の少女」「ホロコーストに関する貴重な証言」といった視点が強調されすぎて、重々しくてなかなか手に取りにくいと思っている人が多いのではないでしょうか？　でも、そんなことはまったくありません。読み直してみると実におもしろく、ひと言で言えば、「思春期の少女が瑞々しい感性と言葉で、日常のかけがえのない瞬間をイキイキと描いた文学作品」とでも言えるでしょうか。

気持ちが重くなりそうで、ちょっと手にとりにくいと思っていたこの本を、幸運なことに番組制作がきっかけで再読することになり、思いっきりはまってしまいました。おそらくこんなきっかけがなければ、読み直すことはなかったでしょう。

読み始めると、本当に止まらなくなるほどのおもしろさ。アンネ・フランクはまさに「言葉の達人」です。不思議なことに読んでいるとどんどん元気になっていく。そして、いつの間にか「悲劇の少女」というイメージが消えていました。たとえば、こんなふうに……。

家族一同、まるで北極探検《ほっきょくたんけん》にでも出かけるみたいに、どっさりと服を着込みましたが、

これもできるだけたくさん衣類を持ってゆくための苦肉《くにく》の策です。（中略）
おかげで、家を出ないうちに窒息《ちっそく》しそうになりましたけど、さいわいそのことを詮索《せんさく》しようとする人はいませんでした。

（『アンネの日記』より）

これが、住み慣れた家を追われて隠れ家に向かうときのことを書いた文章だと信じられますか。「北極探検」「窒息しそう」……およそナチスの占領によりユダヤ人への迫害が進行中のオランダ・アムステルダムの情景とは思えません。アンネのユーモアセンスは、万事この調子です。どんなに苦しい状況、つらい状況もアンネの手にかかれば、喜劇に変わってしまいます。

厳しい現実を言葉の力で楽しく変える

日記はアンネにとって、厳しい現実に絶望することなく、明るく楽しいものに変えて肯定していくための「魔法の杖」のようなものだったのかもしれません。ここにぼくは、「言葉」の持つ不思議な力を感じます。『アンネの日記』によって記憶を呼び起こされましたが、思えば、ぼく自身も、この「言葉」のもつ不思議な力に助けられてきました。

30代の後半、人生最大のピンチに陥っていました。この仕事について15年、初めて取材相手が怖くなって取材ができなくなったのです。長崎の被爆者のことを伝えるドキュメンタリーをつくっているときのことでした。自分が取材するという行為自体がその人自身や家族を傷つけてしまうことになるかもしれない。そんな事態に直面したのです。

取材しようとしていた人たちは、母親の胎内にいるときに被爆した「胎内被爆者」と言われる人たちでした。胎児という一番放射線の影響を受けやすい時期に被爆したという十字架を背負い、60年近くたった当時でも、健康に対する不安に悩まされている人もいました。そんな人々の苦しい実態を伝えようというのが、企画意図の一つでした。

最初は順調に進んでいた取材でしたが、途中から暗雲がたちこめてきました。被爆したご本人は取材を快諾してくださったのですが、そのご家族が取材を受けることに猛反対を始めたのです。被爆者の家族というだけで差別されてしまうかもしれない……そうした厳しい状況が、まだ地域によっては残っていたのだと思います。

上司からは「こういうことを二度と起こさないための番組、平和のための番組」ということを丁寧に説明すれば、必ず納得していただけるはず……と言われ、何度も足を運んだのですが、お気持ちは変わることはありませんでした。

ぼく自身は上司からの指示と、取材はあくまで受けられないという取材相手の間で、完全な板ばさみになりました。もはやどう取材を進めていったらよいかわからず、頭が真っ白になりました。新しい取材相手がたとえ見つかっても、同じようなことが起こるのではないかという恐怖が先に立つようになりました。取材すること自体が、恐ろしくなってしまったのです。

そんなとき、ただ一人、取材に協力してくださっていた福岡県在住のNさんがこんなことを言ってくれました。Nさんにかつて被爆した実家の跡地を訪ねてもらおうと、ご自宅を訪ねたときのことです。断られて当然……とびくびくしながら、

「長崎にきてもらえませんか」

と、Nさんに声をかけました。

「秋満さん、心配しないで。特急かもめ号に乗っていると窓からきれいな海がみえるでしょう？自分もまるでかもめになったような気持ちになって、うきうきしちゃうのよ」

この言葉にどれだけ救われたことでしょう。おそらく真っ青な顔をして取材にきたぼくを気

遣ってかけてくれた言葉だったのだと思います。ですが、その言葉にはとびきりの笑顔が添えられていました。健康に不安を抱えながら長旅をともなう取材を受けるのは、そう簡単なことではなかったはずです。この言葉には、「どうせやるなら、楽しんじゃうわよ」というNさんの力強い決意が感じられました。感謝の思いで涙が出そうになりました。

この企画は、Nさんを主人公にした番組として放送されました。情けないことに取材恐怖症で、すでに使いものにならなくなったぼくの代わりに、後輩達が力を合わせて形にしてくれました。

恥ずかしくて思い出したくないような経験ですが、Nさんに出会えたことは、ぼくにとってなにものにも変えがたい財産になりました。どんなに厳しい状況にあっても、まっすぐ前を向いた言葉を出していこう。どんな厳しい現実でも前向きに楽しむような強い意志を持とう。Nさんから学んだことです。

作家の小川洋子さんは、『アンネの日記』を解説してくれた番組の中で、こんなことをおっしゃっていました。臨床心理医の河合隼雄さんと対談した折に聞いたお話だそうです。

頭上にのしかかった、押しつぶされそうに耐え難い大きな岩石のような苦しみが、言葉という形をとることで、頭の上から足元へ移動し、重荷から、その人自身の土台へと変わる。悲しみや苦しみは決して消えないけれど、置き場所を変えることはできる。そんなお話でした。言葉によって救われた経験のあるぼくの心に深く突き刺さりました。

『アンネの日記』は、そんな言葉の力をあらためて信じさせてくれるような数々の描写で、ぼくたちを励まし続けてくれます。すべての日記に通底しているのは、決して「悲劇の少女」という存在ではありません。言葉の力を信じて、自分自身を励まし続けたひとりの普通の女の子です。だからこそ、ここまで心に響くのだと思います。

この本を読む中で、「悲劇」という言葉がたった一度だけ頭をもたげた瞬間がありました。最後のページで日記がなんの前触れもなく突然中断しているのに出くわしたとき、いいようのない喪失感に襲われました。この直後、アンネたちはナチスによって連行されたのです。

改めて気づきました。日記を書き続けている間、どんなに過酷な状況にありながらも、アンネは決して希望を失わず、未来を見つめ続けていたということを。だからこそ、言葉の一つひとつが輝いていることを。これはアンネの最後の日記の一節です。

なおも模索《もさく》しつづけるのです、わたしがこれほどまでにかくありたいと願っている、そういう人間にはどうしたらなれるのかを。きっとそうなれるはずなんです。

（『アンネの日記』より）

3 「別れ」とどう向き合うか?

若松英輔
『悲しみの秘義』
ナナロク社(2015)

サラリーマン人生の中で避けては通れないのが、人事異動や転勤です。ぼく自身が異動や転勤を前向きにとらえ直す方法を名著から学んだことは、すでに第2章で書きました。しかし、いまだになかなかに乗り越えられないことがあります。それは、異動にともなう「仲間との別れ」です。

もちろん、組織の中で生きている以上は避けられないことですが、これは何度経験してもつらい。一緒に苦楽をともにしているプロジェクトやレギュラー番組が継続している途中での別れは、特に。

仕事仲間へのぼくの思い入れが人一倍強いせいもあるかもしれません。しかし、一緒にさまざまな苦労を乗り越えてきた仕事であればあるほど、身が引き裂かれるような悲しみを体験します。これぱかりは何度あっても慣れません。自分自身が転勤でその部署からぽーんといなくなることのほうが、自分なりにいろいろけりをつけることができるので、よほど精神的に楽です。ぼくは、その手の別れの中で、とりわけつらい経験を二度ほどしました。

その人たちには、本当に苦しいときに何度も助けてもらい、楽しいときはともに笑い、家族同然とも言える気持ちで仕事をしていました。しかし、別れは突然にやってきます。もちろん死別ではないわけですから、いつでも会おうと思えば会えるのです。それでも「もうこの仕事を一緒にできない」と思うと、いろいろな思い出が甦ってきて、仕事が手につかなくなる……それほどに打ちのめされます。

そんな悲しみを救ってくれるような本に、なんとも不思議なタイミングで出会うことができました。若松英輔さんのエッセイ集『悲しみの秘義』です。一緒にお仕事をさせていただいたご縁で、著者ご本人に贈っていただきました。

ちょうど２度目の別れの悲しみに打ちひしがれていたときだったので、「悲しみの秘儀」というタイトルがあまりにも直接的すぎて、すぐには読むことはできませんでした。ですが、その別れがどうしても納得できなくて悶々《もんもん》としていたとき、ふと思い出して、読み始めたのです。最初のくだりから涙があふれてきました。書名と同じ『悲しみの秘義』という章です。

かつて日本人は、「かなし」を、「悲し」とだけでなく、「愛し」あるいは「美し」とすら書いて「かなし」と読んだ。悲しみにはいつも、愛しむ心が生きていて、そこには美としか呼ぶことができない何かが宿っているというのである。ここでの美は、華美や華麗、豪奢とはまったく関係がない。苦境にあっても、日々を懸命に生きるものが放つ、あの光のようなものに他ならない。

人生には悲しみを通じてしか開かない扉がある。悲しむ者は、新しい人生の幕開けに立ち会っているのかもしれない。単に、悲しみを忌むものとしてしか見ない者は、それを背負って歩く者に勇者の魂が宿っていることに気づくまい。「小岩井農場」と題する詩で宮沢賢治(一八九六〜一九三三)は、悲しみにふれ、こう書いている。

もうけつしてさびしくはない

なんべんさみしくないと云つたとこで
またさびしくなるのはきまつてゐる
けれどもここはこれでいいのだ
すべてのさびしさと悲傷を焚いて
ひとは透明な軌道をすすむ

この詩を賢治は、妹トシが亡くなる半年ほど前に書いている。賢治は妹を愛した。彼女の死は、賢治に半身が奪われたような苦しみを強いた。

詩を書いたとき、妹は病の床にいた。彼女の死が頭を強くよぎる。淋しくないと強がってみたところでまた、淋しさが襲ってくるに決まっている。しかし、それでも構わない。闇に覆われ、光を見失うこともあるかもしれない。それでも自分は独り、定められた道を「すべてさびしさと悲傷を焚いて」進むというのである。

（『悲しみの秘義』より）

悲しみを通じてしか開かない扉

「悲しむ」は忌むべき感情ではない。むしろそれを背負っていくときにこそ、人間の美しさ、強さが光を放つ……若松さんの言葉のおかげで、今、自分が直面している「悲しみ」を慈しんでもよいのだととらえ直すことができました。

もちろん、若松さんがここで言う「悲しみ」は、ぼくが体験した別れとは次元がまったく異なる「死別」というすさまじい体験にともなう感情で、安易に比較してよいものではないかもしれません。

ですが、この言葉に救われました。「悲しみ」という感情と向き合う覚悟ができました。若松さんは、「別れ」というできごとが告げ知らせてくれる奥深い意味を、続けてこう語ってくれます。

逝った人を思うとき、人は悲しみを感じる。だがそれはしばしば、単なる悲嘆では終わらない。悲しみは別離に伴う現象でなく、亡き者の訪れを告げる出来事だと感じることはないだろうか。

愛しきものがそばにいる。どうしてそれを消し去る必要があるだろう、どうして乗り越える必要などあるだろう。賢治がそうだったように悲しみがあるから生きていられる。そう感じている人はいる。出会った意味を本当に味わうのは、その人とまみえることができなくなってからなのかもしれない。

邂逅《かいこう》の喜びを感じているのなら、そのことをもっと慈しんでもよい。勇気を出して、そう語り出さなくてはならないのだろう。

あなたに出会えてよかったと伝えることからはじめてみる。相手は目の前にいなくてもよい。ただ心のなかでそう語りかけるだけで、何かが変わりはじめるのを感じるだろう。

（『悲しみの秘義』より）

これも「死別」について語られた言葉です。ですが、ぼくの胸に鋭く、しかし温かく迫ってきます。「悲しみは別離に伴う現象でなく、亡き者の訪れを告げる出来事」。「死」ですらわかてない絆というものがあるのです。悲しみという現象を亡き人の訪れととらえることができるのなら、悲しみを厭う必要などない。

むしろ、それを慈しんでよいはずなのです。悲しみが強ければ強いほど、その人が自分の中でありありと存在している証《あかし》なのですから。

ましてや仕事上の別れなど、なんだというのでしょう。その別れが悲しければ悲しいほど、その人にもらったものの大きさ、その人に支えられた時間の尊さ、その人との出会いのかけがえなさを告げ知らせてくれているのですから。

「別れ」を単なる「別れ」で終わらせない。若松さんの言葉に出会い、そう決意しました。「あなたに出会えてよかった」……いつでもそう言えるように、その人に恥ずかしくないような仕事を続けること。その人からもらった大切なものを残さず活かしながら。それこそが「悲しみを通じてしか開かない扉」を開くことになると思うのです。

長い人生、これから家族の死、愛する人の死のような、もっと凄まじく悲しいできごとに遭遇することでしょう。そのときは、この若松さんの言葉を読み返しながら、「悲しみ」を厭うことなく、慈しんでいきたいと思います。

第5章

みえないものを「形」にする

――原点を思い出す名著力

「いちばん大切なものはね、目にみえないいんだよ」

サン＝テグジュペリの「星の王子さま」に出てくる有名なセリフです。小さい頃、この言葉の意味がよくわからなくて、「いちばん大切なもの」のことを「空気」だと思っていたことを思い出します。確かに空気は、それがないと生きていけない大切なもので、目にみえないですからね。

この言葉の深い意味を知ったのは大人になってからのことですが、目にみえない「いちばん大切なもの」とは、たぶん人によっていろいろなものが当てはまるのだと思います。たとえばそれは「やさしさ」だったり、「好きという気持ち」だったり、「情熱」だったり……それこそ、さまざまです。サン＝テグジュペリは、おそらくその人それぞれの大切なものを思い浮かべて欲しいと思って、「いちばん大切なものはね、目にみえないいんだよ」と書いたのではないかとすら、ぼくは感じます。

でも、目にみえないからこそ、ともすると忘れたり、見失ったりしがち。特に、厳しい競争社会、経済至上主義の風潮の中では、数値化したり、データとして表現できたり、形となって表われたりしなければ、評価もされないことも多く、実績として残りません。

かくいう番組制作の仕事だって、一番大きな反響の指標は「視聴率」です。どんなに志高く良質な品質のものを制作しようとしたところで「視聴率」が上がらなければ、なかなか評価はしてもらえません。

もちろん、仕事の上ではいたしかたないことなのかもしれません。ですが、「目にみえないもの」を切り捨てていいものかと言うと、そんなことは絶対ない。それが直接的に実績や評価につながっていないかもしれないけれど、自分の心を根のところで突き動かしているものは、やっぱり目にみえない「情熱」だったり、「好きという気持ち」だったり、「やさしさ」だったり、するのではないか。それがなくなってしまったら、自分という存在も立ち枯れてしまう……そう思います。

そんなことを思い出させてくれるのが、名著です。良質な名著は、忘れてしまいがちな「目にみえないもの」を「形」にしてみせてくれます。心の奥底で、消えかけてくすぶっている熾火《おきび》に息を吹きかけて、再びめらめらと燃え上がらせてくれます。

ここでは、ふだん「目にみえないもの」がいかにぼくたちの存在を支えてくれているのかを思い起こさせてくれる名著と、その「目にみえないもの」が開いてくれる大きな可能性についてのエピソードを書いていきます。

1 「好き」を貫けば道は開ける

ジャン＝アンリ・ファーブル（奥本大三郎 訳）
『完訳 ファーブル昆虫記』
集英社（1991）

「こりゃ、先を越されちまったなあ。俺も、うかうかしちゃおれんぞ！」

電話ごしに、ライバル心むき出しの力強い声が響いてきます。ぼくが小説を執筆して、立川文学賞の大賞を受賞したことは第2章で書きましたが、そのことをある人間に報告したときに受けた第一声。なんだか闘争心に火をつけてしまったみたい。発奮しているさまが言葉の端々からびしばしと伝わってきます。

でも、この声の主、ぼくのライバルの言葉でもなければ、賞を競った競争相手でもありません。何を隠そう、御歳八十を越えるぼくの父親の言葉なのです。あきれて笑うかもしれませんが、こういう人なのです。

別に父は小説を書こうとしているわけではないのですが、郷土史家を自称する彼は、今までの研究成果を集大成したものを1冊の本にするという野望を持ち続けています。だから、ぼくが大賞をとって書籍を出すと聞いて「俺も負けられない」と発奮したようです。

思えば、父は本当に苦労人です。岩手の片田舎出身なのですが、若い頃から文学や歴史が大好きだったようで、岩手人らしく、父の書棚には、今も宮沢賢治全集、石川啄木全集がでーんと、鎮座しています。

大学に進学して思う存分勉強したかったに違いないのですが、兄が学資を出してくれるはずだったのですが、諸事情で難しくなり、進学を断念。仕方なく東京で就職。そこそこいい会社で待遇もよかったようなのですが、ここで父にとって運命の分かれ道がありました。大分出身の母と出会い、結婚。幸せな暮らしが続いていたのも束の間、ぼくが生まれたことをきっかけに、「大分へ戻って農家を継いで欲しい」という祖父からの執拗な攻勢にあいます。

母が一人娘、かつ、孫恋しいもあったのでしょう。まったくあきらめようとしない祖父に対して、父はとうとう根負けして、大分で婿養子になる決断をするのです。

まったく見ず知らずの遠い土地で、しかもまったく経験のない農業を始める……父の心細さと苦労は、想像するにあまりありますが、そんな父を天性の明るさで支え続けてくれたのが母だったと、後で聞きました。

今でも鮮やかに記憶しているのは、毎月のように届く農業専門雑誌をむさぼるように読みふけっていた姿。厳しい環境の中でも父は学び続けていました。この人は、本当に根っから「学ぶこと」「知識を吸収すること」が好きなのだなぁと、子供心に感じていました。おそらく父は、家業として継がなければならなかった農業さえも研究対象として楽しんでいたのではないかとすら思います。

兼業していたゴルフ場勤めも定年になり、農地も知人に貸して、ようやく仕事から解放された父は堰《せき》を切ったように、自分の大好きな歴史研究に打ち込んでいます。タウン誌に郷土史の記事を掲載したり、小さな講演を引き受けたり、歴史の知識をフルに生かした活動に、母をあきれさせながらも取り組んでいます。

地方のテレビ局の歴史番組で堂々とインタビューに答えているのをみたときには、息子として、ちょっと感動してしまいました。ただ、あまりにも自分の好きなことに夢中になりすぎて、庭の草むしりや部屋の掃除などが滞りがち。介護施設でケアマネジャーをしているしっかりものの妹は、そんなありさまをみて、いつも小言をいっているそうです。一家の大黒柱としては、ちょっと失格かもしれませんね。

父の活動の中でも奮っているのは、ボランティアの歴史観光ガイド。地元の大分県中津市を修学旅行で訪れた児童や観光客を当番制で案内しています。一度、父のガイドを体験してみようと、妻を連れて帰省した折にたのんでみました。これがまたマニアックというのか、トリビア満載というのか、１箇所で父の語る情報密度の濃いこと。たまたま通りかかった観光客が聞き入ってしまい、しまいには「いっしょに案内してもらってもいいですか」とお願いされる始末。その人に、今度ほかの友人を連れて来たいので指名してよいかとの依頼まで受けて、得意げに名刺を渡していた父の笑顔は本当に輝いていました。

「好き」の情熱は生きる糧になる

「好き」という情熱は、こんなにまで人生を支え、そして人生を豊かにするものなのか。そんな父の生き方が、ある人物が著した名著と強く響き合いながら、ぼくを力強く励ましてくれました。ちょうど、現場から少し離れた管理業務をまかされ、寂しい思いをしていたときのことでした。

その人物とは、ジャン＝アンリ・ファーブルです。「ファーブル昆虫記」で知られるフランスの博物学者です。小さい頃は、子供向けに編集された抄訳だけしか読んだことがなかったのですが、大人になって読み直してみると、そこには、ファーブルの人生論や哲学とも言えるものが込められていることに気づかされます。読み直すまで、あれだけ詳細で大部の「昆虫記」をまとめきった人だから、若い頃から昆虫研究に専念した、大学か何かに所属した研究者だとばかり思い込んでいました。

ところが実際は、ファーブルが『ファーブル昆虫記』の刊行を始めるのは55歳のとき。それまでは、一介の教師にすぎませんでした。それどころか、彼の人生は少年時代から、この世のありとあらゆる辛苦を嘗め尽くしたのではないかとさえ言えるほど、苦難の連続だったのです。

父親が経営していたカフェが立て続けにつぶれ、ファーブルが14歳のとき一家は離散。ファーブルは市場のレモン売りや鉄道建設作業などの肉体労働で自活、1日1個のジャガイモで飢えをしのぐような暮らしをしていました。その頃を振り返って、ファーブルは次のように記しています。

こういう痛ましいひどい状況のなかでは、昆虫への愛もかすんでしまうはずであった。ところがまったくそうではなかった。その愛はメデューズ号の筏《いかだ》の上にあっても、私のなかに生き残ったことであろう。私はそのころ初めて出会った、マツノヒゲコガネのことを覚えている。その羽根飾りのように大きな立派な触覚、栗色の地に優雅に点々と散らされた白い斑点模様のいでたちは、そんな貧苦にあえぐ暗黒の日々に射した、一条の太陽の光のようであった。

（『ファーブル昆虫記』より）

大好きな昆虫の美しさが、ファーブルの生きる糧になっていたのです。ファーブルはその後、奨学金を得て奇跡的に教師養成学校に入学。昆虫への情熱は抱き続けながらも、それでは食べていけないと物理学の高校教師になります。ファーブルがすごいのは、どんなに本業が大変でも昆虫へのあくなき探求は続けていくところです。

やがて世間を驚かす論文を発表します。コブッチスガリという狩り蜂が獲物を腐らせずに保存するメカニズムを解明した画期的なその研究で、モンティヨン実験生理学賞という栄誉ある学術賞を受賞。それでも研究者への道は開かれません。それどころか、夜間学校で婦女子に植物の受粉のメカニズムを教えたことがふとどきだと、キリスト教徒たちに糾弾され、ほとんど追放同然な形で、教職と家を追われることになります。

ちょうど同じ頃、少しでも家計を好転させようと、博学な知識を活かして、植物のアカネから効率よく染料を抽出する方法を考案し特許をとっていました。しかし、ようやく工場で実用化し、収益になり始めたとたんに、ドイツで同じ色を出せる化学染料の製法が編み出され、この収益も断たれてしまいました。ここまで追い詰められたファーブルはどうしたか？

アカネの桶からとり出すことができなかったものをインクの壺からとり出そう。さあ、《ラ》働《ボレームス》こう！

（『ファーブル昆虫記』より）

普通なら、何もかも嫌になり捨てばちになっても仕方ない状況です。でも、彼が発したのはこの言葉でした。「インクの壺からとり出す」。すなわち、当時、世の中で求められていた教科書や科学啓蒙書を執筆しまくることで生計を立てようと決意するのです。

ファーブルが移住先のオランジュで執筆した本は、実に61冊にものぼるといいます。こうした実績の積み重ねの中で、ファーブルは最終的に「昆虫記」を執筆することになるのです。

まことに「好き」という情熱には、どんな苦難をもはねかえすパワーと、限りない希望を生み出すエネルギーが宿っているものなんですね。父を支え続けたのも、これと同じものだったに違いありません。

この「ラ・ボレームス！（さあ働こう）」というくだりを読み終えたとき、目頭が熱くなりました。以来、何かでくじけそうになったとき、この「ラ・ボレームス！」という言葉で、心に喝を入れることにしています。

たとえ世間で役に立たないと言われそうなものでも、「好きなこと」は自信をもって続けていこう。一生、仕事に直接つながることがなくても。それがぼくの決意です。「好き」という情熱こそがどんな困難もはねのけ、人生を限りなく豊かにしてくれる宝物なのですから。

2 「やさしさ」のふたつの意味

司馬遼太郎
『二十一世紀に生きる君たちへ』
司馬遼太郎記念館（2003）

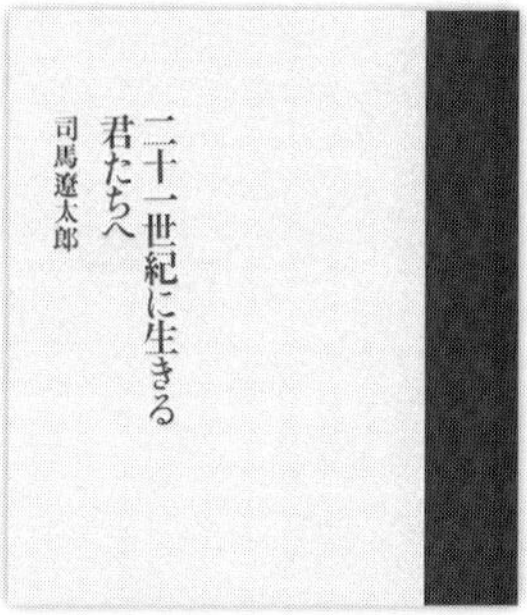

長崎に住んでいたときに通っていた大好きな懐石料理店がありました。崇福寺や正覚寺といった古刹が集まる閑静な地域にひっそりと佇むお店。名前を「重籠《じゅうろう》」と言います。自家製のからすみが絶品で、今でもここを超えるものはないのでは、と思える逸品です。もちろん料理も一分の隙もないくらいすばらしく、東京でもこのコストパフォーマンスで、これだけ高いレベルの料理を食べられるお店は、ほとんどないのではないでしょうか？　今はもう閉店され、どこかに移転

されたと風の噂に聞きますが、お元気にされているでしょうか？

この項のテーマは「やさしさ」のはず。いったい何の話が始まったのだと、あなたは鼻白《はなじろ》んでいるかもしれませんね。そう言わずに、もうしばらくおつきあいください。ここの女将のとっておきのエピソードなのですから。

謎のフランス人夫婦がある日、このお店を訪ねてきました。大変な日本料理好きのようで、外国人には苦手な人も多い赤だしの味噌汁も最後まで飲み干したと言います。ちょっと変わっていたのは、席に座るなり、旦那さまがさらさらと庭の絵を描き始めたこと。女将の素人目でみてもかなりの技巧で、たいしたものだと思ったそうです。その絵は、食後に女将にプレゼントされました。

ところが……。支払いの段になって、クレジットカードが使えないことに気づいたそのご夫婦、現金の持ち合わせがなく支払いができないと狼狽し始めます。かなり弱りきった様子でした。

ところが、気のいい女将は、なんと「無料でいいです」と言って、ふたりを送り出したのです。奥さまは大変な感激ぶりで、お礼に女将にキスの嵐。何度もお辞儀しながら帰っていったそうです。この女将は、なんてお人好しなんだと、あなたは思いますか？

実は、この行動には理由がありました。女将の娘さんが、その頃、海外に留学中だったそうです。遠い空の下、自分の娘もたくさんの外国の方にお世話になっているだろう……帰国するたびに楽しそうに滞在生活のことを語る娘さんの笑顔が脳裏に浮かび、娘を支えてくれる異国の人たちに思いがおよんだのです。きっとこんな風に娘も助けられていることがあるかもしれない。心細そうなそのご夫婦の姿をみて、娘への恩返しの気持ちで、真心を示したのだと言います。この話を聞いて、ぼくは、しみじみとしました。

やさしさとは「想像力」と「共感力」

ヘイトスピーチ、民族差別、嫌○○流といった、異文化や異なる価値観に対して理解する努力をしようとせず、ひたすら嫌悪と憎悪をつのらせる昨今の風潮を目にするにつけ、このエピソードが思い出されます。

「やさしさ」を支える力のひとつは、こうした「想像力」や「共感力」なのではないか？　そして日本人はもともと、その優れた力をもっていたはずではなかったのか？　どこかでそれを育てることを忘れてしまったのではないか？　司馬遼太郎さんが若者たちへの遺言とも言えるような熱い思いを込めて書いた『二十一世紀に生きる君たちへ』の一節が頭に浮かんできます。

助け合うという気持《きも》ちや行動《こうどう》のもとのもとは、いたわりという感情《かんじょう》である。

他人《たにん》の痛《いた》みを感《かん》じることと言《い》ってもいい。

やさしさと、言《い》いかえてもいい。

「いたわり」

「他人の痛《いた》みを感《かん》じること」

「やさしさ」

みな似《に》たような言葉《ことば》である。

この三つの言葉《ことば》は、もともと一つの根《ね》から出《で》ているのである。

根《ね》といっても、本能《ほんのう》ではない。だから、私《わたし》たちは訓練《くんれん》をしてそれを身《み》につけねばならないのである。

その訓練《くんれん》とは、簡単なことである。例《たと》えば、友達《ともだち》がころぶ。ああ痛《いた》かったろうな、と感じる気持《きも》ちを、そのつど自分《じぶん》の中《なか》でつくりあげていきさえすればよい。

この根《ね》っこの感情《かんじょう》が、自己《じこ》の中《なか》でしっかり根《ね》づいていけば、他民族《たみんぞく》へのいたわりという気持《きも》ちもわき出《で》てくる。

君《きみ》たちさえ、そういう自己《じこ》をつくっていけば、二十一世紀《せいき》は人類《じんるい》が仲《なか》よしで暮《く》らせる時代《じだい》になるのに違《ちが》いない。

（『二十一世紀に生きる君たちへ』より）

「やさしさ」とは、「他人の痛みを感じる」力、いわば「想像力」「共感力」です。そして、その「やさしさ」は本能ではなく、訓練して自分の中につくり上げていくものだという。……ぼくたちはこの21世紀、「そういう自己」をつくっていけているでしょうか？　司馬さんのこの言葉を胸に刻みたいと思います。

さて、この話には後日談があります。このお店に、長崎県美術館館長（当時）の伊東順二さんとご一緒したときのこと。食後に、女将がこのエピソードを伊東さんに語りました。旦那さまが絵を描くくだりで、伊東さんがニヤリとしました。話を聞き終えて「すごくいいことをしたね、女将さん。その絵はどうしたの？」と女将に聞きます。

「あ、あれですか。ちょっと汚してしまって、悪いとは思いましたが捨てちゃいました」

「そりゃあ、惜しいことをしたなぁ。その人、フランス美術界の重鎮だよ」

謎のフランス人、その正体は、実はものすごい人だったのです。ジェルマン・ヴィアットさん。フランス国立近代美術館「ポンピドゥー・センター」の設立に携わった元館長。当時は、

２００６年にパリにオープンした話題の美術館、ケ・ブランリー美術館の文化遺産コレクション局長でした。フランスの文化行政にもかかわる、とんでもない大物です。

伊東さんは、少し前に東京で行われたシンポジウムで、いっしょに登壇したばかり。そのときに、「ジュロー」というすばらしいレストランがあるとしきりにいっていたそうです。伊東さんは「二郎」というお店とばかり思っていたそうなのですが、そうか、「ジュロー」は「重籠」だったのかぁ、と感慨深げに言っていました。

そうとはまったく知らず、無心で彼らをもてなした女将は、長崎という場所を彼らの脳裏に刻みつけたに違いありません。ヴィアットさんご夫婦は、フランス美術界でも、ことあるごとに「長崎にはこんなお店があった。長崎という場所は心の温かい人たちが住む本当にすばらしい場所だ」と、吹聴してくれることでしょう。

現にこのお話は、国境を越えて伊東さんの耳にまで逆輸入されていたのですから。いわば、期せずして日仏交流に大きな貢献をしたというわけです。もちろんそんな下心などまったくなかった行為だからこそ素敵なのですが、こういうお話を聞くと、やはり無心の「やさしさ」というもののほど、人の心を打つものはない、と痛感します。

長谷川集平
『はせがわくんきらいや』
復刊ドットコム（2003）

「やさしさ」は「想像力」や「共感力」だ、ということを書いてきました。ぼくは、「やさしさ」のもう一つの側面を、やはり長崎に住む人が書いた本から学びました。

長谷川集平さん。長崎に住みながら絵本をつくり続けている絵本作家でミュージシャン。彼のデビュー作は本当に衝撃的でした。絵本『はせがわくんきらいや』。この絵本には、森永ヒ素ミルク中毒で被害を受けたご本人も「長谷川くん」という名前で出てきます。

主人公の少年は幼稚園の頃に「長谷川くん」と出会います。体が弱い長谷川くんは、いっしょに遊んでもいつも足手まとい。体が弱すぎてみんなに迷惑をかけまくります。少年はそんな長谷川くんに「はせがわくんと いっしょにいてもおもしろくない」と愚痴を書きます。
山登りしても途中でへたってしまい、みんなで交代でおんぶするはめに。野球をしてもまったく戦力にならない。……そんな長谷川くんに少年は、「長谷川くんきらいや」と言い続けます。でもそんな言葉とは裏腹に、描かれた絵には力強く、はせがわくんを背負う少年の姿が。そして、どんな瞬間にも長谷川くんの傍らには少年の姿があるのです。

長谷川くん もっと早うに走ってみいな。
長谷川くん 泣かんときいな。
長谷川くん わろうてみいな。
長谷川くん もっと太りいな。
長谷川くん、ごはん、ぎょうさん 食べようか。
長谷川くん　だいじょうぶか。
長谷川くん。

（『はせがわくんきらいや』より）

ラスト近くの、たたみかけるような少年の言葉に、胸の奥にある熱いものが揺さぶられます。そして、少年がひとりの人間として長谷川くんと向き合っているからこそ、「きらい」という言葉をはっきりと言えるのだということが、しみじみとわかるのです。

「やさしさ」って、偽善的にやさしい言葉をかけることでも、「かわいそうに」と同情することでもない。同じ人間として、同じ場所に、ともにたたずむこと。徹底してその人に寄り添うこと。本当のやさしさって、こういうものではないだろうか、ということを思い知らされます。そして、本当のやさしさには、「想像力」「共感力」といったやわらかいものだけでなく、一方で、こうした「強さ」のようなものが必要なのではないか、ということに気づかされます。

「強さ」に裏打ちされた「真のやさしさ」

ぼくが長崎に住んでいた当時、長谷川集平さんは、「芸術によってしか得られない喜びや感動、歴史や世界と自分がつながっている実感」を一緒に学んでいく場として「絵本セミナリヨ」という会を不定期に開催していました。

表現者として集平さんを尊敬していたぼくは、この「絵本セミナリヨ」にたびたび参加し、映画や音楽を鑑賞しながら、いろいろなことを学ばせてもらいました。今、振り返ってみると、やはりそこに通底していたのは、「強さに裏打ちされたやさしさ」というものだったという気がします。

「絵本セミナリヨ」というやわらかいネーミングとは裏腹に、ここで取り上げられる作品は、ある種「人間の闇の部分」もたじろがず見つめるものが多かったと記憶します。しかし、その一方で、人はその「闇」を超え得るものであること、その力こそが「強さに裏打ちされたやさしさ」だということも、集平さんに教えてもらいました。

もう一度、司馬遼太郎『二十一世紀に生きる君たちへ』へ戻りましょう。司馬さんは、「いたわり」や「やさしさ」という言葉に並べて、「たのもしさ」という言葉について、ぼくたちに語りかけてくれます。

鎌倉時代《かまくらじだい》の武士《ぶし》たちは、
「たのもしさ」
ということを、たいせつにしてきた。人間《にんげん》は、いつの時代《じだい》でもたのもしい人格《じんかく》を持《も》たねばならない。人間《にんげん》というのは、男女《だんじょ》とも、たのもしくない人格《じんかく》にみりょくを感《かん》じないのである。
もう一度《いちど》くり返そう。さきに私《わたし》は自己《じこ》を確立《かくりつ》せよ、と言《い》った。自分《じぶん》に厳《きび》しく、相手《あいて》にはやさしく、とも言った。いたわりという言葉《ことば》も使った。それらを訓練《くんれん》せよ、とも言《い》った。それらを訓練《くんれん》することで、自己《じこ》が確立《かくりつ》されていくのである。そして、〝たのもしい君《きみ》たち〟になっていくのである。

（『二十一世紀に生きる君たちへ』より）

司馬さんは、「いたわり」や「やさしさ」をもつ一方で、「たのもしさ」も必要だと言います。この両方を育てていくことこそ、「自己の確立」であると。この司馬さんの言葉は、「はせがわくんきらいや」で描かれたことと響き合っているように思えます。「真のやさしさは、強さに裏打ちされたものだ」という通奏低音《つうそうていおん》が感じ取れるのです。
厳しい競争社会、経済至上主義の風潮の中で、数値化できなかったり、データとして表現できなかったり、形となって現われないものが見失われがちな現代、「やさしさ」という目にみえないけれど、かけがえのないものを名著を通してしっかりと手ごたえのあるものとして、確認し直さなければと痛感しています。それこそが本当の意味で、人間を動かすものなのですから。

著者プロフィール

秋満 吉彦（あきみつ・よしひこ）

1965年生まれ。大分県中津市出身。熊本大学大学院文学研究科修了後1990年にNHK入局。ディレクター時代に「BSマンガ夜話」「土曜スタジオパーク」「日曜美術館」「小さな旅」などを制作。その後、千葉発地域ドラマ「菜の花ラインに乗りかえて」、「100分de平和論」（ギャラクシー賞奨励賞・放送文化基金賞優秀賞）、「100分de手塚治虫」などをプロデュースした。現在NHKエデュケーショナルで「100分de名著」の番組を担当している。共著に「100分de名著　名作セレクション」（文藝春秋刊）。

「相当深くて、相当広い」これも生産性の本。

一般的には幅ができると深さは浅くなる（つまり浅く広く）と思われているようですが、私は相当深くて、相当幅があるということは人間として可能であると信じています。（西堀栄三郎「石橋を叩けば渡れない」より）

仕事と人生に活かす「名著力」〈第1部〉

テレビマン「挫折」から「成長」への50冊

2017年3月24日　第1版　第1刷

著　者　秋満 吉彦
発行者　髙松 克弘
発行所　生産性出版
〒150-8307　東京都渋谷区渋谷3-1-1
日本生産性本部
電　話　03(3409)1132(編集)
03(3409)1133(営業)

印刷・製本　サン印刷通信
カバー＆本文デザイン　サン印刷通信
編集担当　村上直子 米田智子

ISBN 978-4-8201-2061-2